JEANNE D'ARC

SA MISSION

SA VIE, SA MORT

PAR

Louis MORVAN

PRÉCÉDÉ D'UNE LETTRE

De Monseigneur FREPPEL, évêque d'Angers

In fide robur.
« Ma force est dans ma foi. »

« Bienheureux ceux qui souffrent
« persécution pour la justice. »

NANCY

LE CHEVALLIER FRÈRES

LIBRAIRES-ÉDITEURS

63, rue Saint-Georges, 63

—

1883

JEANNE D'ARC

La Pucelle, à cheval, abaisse son épée en signe d'action de grâces.
(Travail en bronze de M. Foyatier à Orléans).

JEANNE D'ARC

SA MISSION

SA VIE, SA MORT

PAR

Louis MORVAN

PRÉCÉDÉ D'UNE LETTRE

De Monseigneur FREPPEL, évêque d'Angers

In fide robur.
« Ma force est dans ma foi. »

« Bienheureux ceux qui souffrent
« persécution pour la justice. »

NANCY
LE CHEVALLIER FRÈRES
LIBRAIRES-ÉDITEURS
63, rue Saint-Georges, 63
—
1883

LETTRE

DE

MONSEIGNEUR FREPPEL ÉVÊQUE D'ANGERS
A L'AUTEUR

ÉVÊCHÉ
D'ANGERS

ANGERS, *le 13 juillet 1883.*

Monsieur,

J'ai reçu le volume que vous venez de publier sous ce titre : *Jeanne d'Arc, sa mission, sa vie, sa mort.* Je ne puis que vous féliciter d'avoir fait cet ouvrage destiné à la jeunesse et au peuple. Vous avez eu une heureuse idée en consacrant vos loisirs à raconter les vertus, les nobles exploits et le martyre de cette héroïne suscitée de Dieu pour sauver notre pays. Votre récit est simple, plein de naturel et de charme. Je fais des vœux pour que votre publication obtienne un plein succès et produise le bien que vous en attendez.

Agréez, Monsieur, l'assurance de mon affectueux dévouement.

† Ch. Émile,
Évêque d'Angers.

DÉCLARATION DE L'AUTEUR

Pour se conformer à la déclaration exigée par le pape Urbain VIII, l'auteur de ce livre déclare qu'en parlant de la sainteté et du martyre de Jeanne d'Arc, il use de ces expressions suivant le sens général et laudatif qu'elles ont dans le monde, et n'entend nullement anticiper sur les décisions de l'Église catholique, seule en pouvoir du droit de décerner des palmes et des couronnes immortelles.

A
LA FRANCE

LA PATRIE DE JEANNE D'ARC ET LA MIENNE

A LA LORRAINE

SON PAYS NATAL

Mai 1883.

> C'est Jehanne, la bonne Lorraine
> Qu'Anglais brûlèrent à Rouen.
> (VILLON.)

> Consacrons nos cœurs recueillis
> A Jeanne la Française, à Jeanne la Lorraine
> La patronne des envahis!
> (P. DÉROULÈDE.)

Nous avons écarté toute digression historique et n'avons cherché à faire qu'un simple récit ; nous nous sommes surtout attaché à peindre la physionomie personnelle de Jeanne d'Arc, et à présenter, non un tableau d'histoire, mais un portrait vivant et ressemblant. A ceux qui prétendent que Jeanne fut une ennemie de l'Eglise et une victime de l'Inquisition (calomnie renouvelée des Anglais, ses bourreaux), nous avons essayé de répondre en montrant dans sa vérité la figure de cette « bonne chrétienne bien baptisée, » ainsi qu'elle se nommait elle-même, qui bondissait au surnom de païenne et d'hérétique et déclarait « vouloir vivre et mourir en bonne chrétienne. »

Nous avons consciencieusement étudié et suivi la vérité historique et consulté les sources les plus sérieuses et les plus autorisées. Ce livre n'eût-il d'autre mérite que d'être vrai, il l'a tout entier.

Puisse-t-il contribuer à faire mieux connaître et aimer en France la noble femme qui mourut pour l'honneur de sa Patrie ! Puisse-t-il réveiller dans les âmes françaises l'espérance, l'énergie, le culte de la foi, du dévouement et du patriotisme. Il aura rempli sa mission.

3 mai 1883.

LOUIS MORVAN.

LIVRE Ier

JEANNE LA PAYSANNE

> ...Cet être qui plane,
> Ce front levé, ces yeux ravis,
> C'est elle, c'est la grande et sainte paysanne,
> Ta Paysanne, ô mon Pays !
>   (P. Déroulède).

I

LA VOCATION

(Domremy)

> Seigneur, vous m'avez appelée ; et j'ai dit : « Me voici. »

Domremy est un hameau de Lorraine situé non loin de Vaucouleurs, dans la riante vallée de la Meuse, au pied de coteaux couronnés d'épais bois de chênes. La rivière baigne ses champs, et fertilise son sol.

Son humble église est dédiée à saint Remy, le grand Evêque qui convertit et baptisa le roi Clovis et la France avec lui.

Près de l'église s'élève une pauvre chaumière entourée d'un petit jardin. Au-dessus de la porte sont gravés ces mots : « Vive labeur ! »

C'est là qu'habitaient, en 1428, le laboureur Jacques d'Arc, sa femme Isabelle Romée et leurs cinq enfants.

Jacques était un honnête homme et un bon chrétien, rude travailleur et père de famille économe ; Isabelle une ménagère active et laborieuse, tout occupée du soin de ses enfants. Tous deux craignaient Dieu, supportaient bravement leur pauvreté et faisaient la charité à plus malheureux qu'eux.

Les trois fils, Jacquemin, Jean et Pierre, partaient aux champs dès le matin avec leur père et restaient tout le jour courbés vers le sol, remuant la terre, sous la pluie et sous le soleil, été comme hiver. Ils rentraient le soir harassés de fatigue, mais le cœur content et la conscience satisfaite, et certains de trouver au logis un joyeux accueil.

La bonne Isabelle les recevait avec un sourire et se hâtait de leur servir le repas si bien gagné. Jeanne, la fille aînée, les attendait sur le pas de la porte, tenant entre ses bras sa petite sœur Catherine, encore au berceau.

Les jours passaient ainsi réguliers, monotones, mais remplis des joies pures et calmes de la vie de famille et de la vie de travail.

Jeanne d'Arc était un trésor pour ses parents.

Belle, grande, robuste, active, nulle besogne si rude qu'elle fût ne l'effrayait.

Son père lui mettait souvent la bêche ou le hoyau en main lorsqu'il avait besoin d'un aide de plus.

Elle partageait avec sa mère les travaux et les soucis du ménage, veillait le soir près d'elle pour réparer les vêtements de son père et de ses frères, cultivait le jardin, gardait les brebis aux champs, soignait avec amour la petite Catherine.

Nulle femme ou fille de Domremy ne savait filer le lin comme elle.

Nulle, non plus, n'était aussi assidue à prier Dieu et Notre-Dame à l'église du village.

A cette époque, la lecture et l'écriture étaient sciences réservées aux moines et aux juges : gens de guerre et gens de campagne ne les apprenaient point. Jeanne ne sut jamais ni lire ni écrire, mais Isabelle, en mère chrétienne lui enseigna de bonne heure le catéchisme et les prières : « Notre Père. » — « Je vous salue, Marie » et « Je crois en Dieu, » cet admirable exposé de notre foi, répété depuis tant de siècles par le savant et l'ignorant. « J'ai été enseignée en ma religion et appris ma créance comme tout bon enfant doit le faire, » disait plus tard Jeanne avec fierté.

Sa piété exemplaire était renommée parmi ses compagnes ; elle se confessait et communiait fort souvent avec une grande ferveur ; elle entendait la messe toutes les fois qu'il lui était possible, et le dimanche s'éloignait doucement des jeux des autres jeunes filles pour aller prier.

Les enfants de Domremy aimaient à former de joyeuses rondes autour d'un chêne vénérable et touffu, nommé l'arbre aux fées, et à suspendre des guirlandes aux branches. Jeanne se mêlait aux chants et aux danses, mais elle réservait ses guirlandes pour l'autel de Notre Dame.

Une fois là, le temps passait vite pour elle : ses deux

amies de cœur Hauviette et Mengette venaient l'arracher au sanctuaire et la ramenaient à la ronde en lui reprochant d'être « trop dévote. » Jeanne confuse rougissait, s'excusait gaîment et reparaissait souriante au milieu de ses compagnes.

S'il y avait un malade à Domremy, Jeanne accourait le soigner et le consoler. Si quelque mendiant sans gîte frappait à la porte de Jacques d'Arc, Jeanne lui cédait son lit et passait la nuit près de l'âtre, sous la haute cheminée.

Bénie de chacun, chérie de ses amies, l'orgueil et la joie de ses parents, Jeanne aimait de toute son âme sa famille, ses compagnes et les gens de son cher village ; mais au dessus de toute affection humaine, son cœur appartenait à deux grands amours : Dieu — La France.

Dieu avant tout, par-dessus tout !

A peine sortie de l'enfance, elle avait renoncé à l'amour terrestre pour n'appartenir qu'à Jésus-Christ, et s'était consacrée à lui par un vœu. Il avait tous ses désirs, toutes ses pensées. Parmi ses humbles occupations d'intérieur et ses rudes travaux des champs, elle le priait sans cesse, s'entretenant avec Lui comme avec un ami invisible, mais présent.

La France était son second amour, indissolublement lié au premier.

Son pays était pour elle le royaume de Dieu, et elle nommait le roi de France « le lieutenant de Dieu sur terre. »

Religion et Patrie ne faisaient qu'une même chose aux yeux de Jeanne. Elle leur avait voué un amour ardent, passionné, dévoué, tel que les âmes de Saints et de héros peuvent en concevoir et les cœurs de femmes en nourrir !

Qui redira les larmes versées alors par Jeanne d'Arc « sur la grande pitié qui était au cœur du royaume de France ? »

Filles, épouses, mères françaises qui nous lisez, vous souvient-il de l'invasion allemande, en 1870 ?

Vous souvient-il de la honte amère infligée par nos désastres et par la présence des vainqueurs ? des souffrances et du courage de nos soldats ? de vos angoisses pour des vies bien chères ?

Vous souvient-il de ces heures de brûlante indignation et d'enthousiasme fébrile où vous maudissiez votre faiblesse, et où, sentant battre dans votre poitrine un cœur de soldat, vous pleuriez de n'avoir que la main d'une femme ? Qui d'entre vous n'a offert à Dieu sa vie pour le salut de son peuple et de ses frères ? Qui eût hésité à la donner ? Souvenez-vous de cette année et vous lirez dans l'âme de Jeanne.

En ce temps, l'Anglais avait envahi la France ; il incendiait ses villages, pillait ses villes, massacrait ses paysans, emmenait ses bourgeois en captivité. Jamais tant de misère et d'humiliation ne s'étaient vues.

Beaucoup d'hommes poussés par le désespoir abandonnèrent maisons, femmes et enfants, pour se réfugier dans les bois : « se remettant, disaient-ils, en la main du diable pour vivre comme des bandits avec les loups et faire le pis qu'ils pourraient. »

Le roi de France, Charles VI, était fou depuis de

longues années ; sa femme, l'indigne reine Isabeau de Bavière, et son neveu, Philippe le Bon, duc de Bourgogne, s'étaient alliés aux Anglais par le traité de Troyes (1420) qui dépouillait le dauphin, Charles de France, au profit d'Henri V, roi d'Angleterre. Henri, nommé régent et héritier de France, épousa la princesse Catherine, fille de Charles VI, et fit son entrée triomphale à Paris. Mais la mort le frappa au milieu de ses victoires ; l'infortuné Charles VI s'éteignit six semaines après, et deux nouveaux rois de France et d'Angleterre se trouvèrent en présence.

Henri V ne laissait qu'un enfant au berceau, que les Anglais proclamèrent roi de France et d'Angleterre sous le nom d'Henri VI. La reine Isabeau et le duc de Bourgogne lui jurèrent fidélité ; la ville de Paris, l'Ile de France, l'Artois, la Flandre, la Champagne, la Guyenne, la Normandie envahies par les Anglais tombèrent sous son obéissance.

Les deux oncles du monarque enfant se partagèrent le gouvernement de ses deux royaumes. Le duc de Glocester fut nommé régent d'Angleterre, et le duc de Bedford s'intitula régent de France.

Pendant ce temps, le dauphin Charles, fils de Charles VI et d'Isabeau, était salué par quelques chevaliers fidèles du titre de « Charles VII, par la grâce de Dieu roi de France. » Trahi par une mère infâme, déshérité par un père insensé, abandonné de ses grands vassaux, Charles ne possédait plus que le Berry pour tout apanage, et les Anglais le nommaient par dérision : « Le roi de Bourges. »

Mais ce roi de dix-neuf ans, dépossédé, ruiné, abandonné, était Français. Le pauvre peuple rançonné et maltraité sans pitié par les Anglais, mit en lui son espérance, et les plus vaillants hommes du royaume se rangèrent autour de lui. Le duc d'Alençon, prince du sang, le brave comte de Dunois, le grand connétable Arthur de Richemont, prince de Bretagne, La Hire et Xaintrailles, vieux capitaines gascons redoutés de l'ennemi, tous déterminés à mourir plutôt que de se soumettre à l'Angleterre.

Entouré de ces guerriers d'élite, Charles pouvait tenter un suprême effort pour reconquérir son royaume ou s'ensevelir glorieusement sous ses ruines; mais son caractère faible, incertain, léger, le rendait incapable de grands actes. Il essaya de négocier avec l'Ecosse, d'obtenir des secours, et chercha au milieu des fêtes l'oubli du péril. « Morbleu ! sire ! lui dit un jour La Hire, avec colère, on ne saurait perdre plus gaîment son royaume ! »

Ce reproche sanglant n'arrêta point le roi. Richemont avec sa rudesse bretonne, osa le blâmer énergiquement et tenta de l'arracher bon gré mal gré à son indolence; mais les efforts du connétable n'aboutirent qu'à le faire bannir de la Cour.

Les Anglais gagnaient chaque jour du terrain; les fidèles amis du roi durent le quitter pour le servir malgré lui.

Richemont emmena ses troupes guerroyer en Poitou, à ses propres frais. La Hire et Xaintrailles réunirent une poignée de braves et harcelèrent l'ennemi par des escarmouches et des surprises de partisans. Dunois, apprenant que les Anglais menaçaient Orléans, une des dernières cités du roi Charles, se jeta dans la ville pour la défendre.

Cette résistance désespérée de quelques nobles cœurs prolongeait en vain la lutte; l'issue n'était plus qu'une question de temps aux yeux de l'Angleterre; les généraux anglais affectaient de n'appeler Charles VII, que « Charles de Valois » et lui refusaient le titre de roi, alléguant triomphalement qu'il n'était pas sacré.

Ils agitaient ainsi une importante question.

En ces âges de foi, le sacre était aussi nécessaire pour faire un roi que le baptême pour faire un chrétien. Aux yeux du peuple, un roi non sacré n'était qu'un prétendant au trône ; aussi nommait-il obstinément Charles VII non pas « Notre gracieux souverain, » mais « Notre noble dauphin. » (Titre porté par le prince héritier de la couronne de France.) Plus d'un seigneur hésitant entre Henri VI et Charles VII eût vu trancher ses hésitations par la cérémonie du sacre et le seul espoir de salut pour Charles était là tout entier.

Malheureusement, les Anglais tenaient en leur pouvoir la ville de Reims où la tradition nationale veut que tous les rois de France reçoivent la couronne et les onctions saintes. Pour l'Eglise, le sacre eût été valide partout ; pour le peuple, il était nul en dehors de Reims.

Durant les veillées d'hiver, on traitait souvent ces graves matières dans la chaumière de Jacques d'Arc.

Les gens de Domremy, fidèles à Charles VII avaient de fréquentes querelles avec les habitants de Maxey, village voisin, qui tenaient pour la Bourgogne et l'Angleterre. Entre les jeunes gens et les enfants des deux camps, c'étaient des combats continuels à coups de pierre, de poing ou de bâton. Jacquemin, Jean et Pierre d'Arc ne s'épargnaient pas dans ces occasions et revenaient au logis, meurtris et sanglants, se faire panser par leur sœur Jeanne. Celle-ci s'attristait de ces batailles entre « gens de même pays. » Hélas ! La France entière était ainsi déchirée et divisée, combattant de ville à ville, de hameau à hameau, de castel à castel, qui pour Charles VII, qui pour l'Angleterre, qui pour la Bourgogne, qui pour soi-même.

Les récits des soldats blessés et des routiers isolés, qui traversaient à tout instant Domremy, entretenaient chez ses habitants la haine et la terreur du nom Anglais. Dans chaque chaumière on priait pour « le noble dauphin.» On vantait sa courtoisie, sa bonté, sa douceur envers les faibles ; on nommait avec orgueil Dunois, Richemont, La Hire, Xaintrailles ; on maudissait l'ennemi. Jeanne n'oubliait aucun détail, aucune parole, conservant tout dans son cœur.

A mesure que la détresse et la misère augmentaient avec la puissance anglaise, une étrange tristesse et une agitation croissante s'emparèrent de la jeune fille. Elle rechercha davantage la solitude, prolongea ses prières et sembla fuir ses parents.

Jacques et Isabelle s'alarmèrent, et sur quelques paroles échappées à leur fille, craignirent qu'elle ne songeât à les quitter. Pour la fixer près d'eux, ils essayèrent de la marier, mais elle refusa fermement, disant qu'elle s'était vouée à Dieu ; l'on dut renoncer au projet d'alliance. Cependant le trouble et l'angoisse de Jeanne ne diminuèrent pas.

L'enfant docile et aimante, la sœur confiante, l'amie tendre et dévouée, avait à garder envers tous le secret de Dieu. Depuis l'âge de treize ans, cette âme pure et sainte était favorisée d'apparitions célestes; son Ange gardien, l'archange saint Michel, sainte Marguerite et sainte Catherine, vierges martyres et patronnes de Vaucouleurs, et une foule d'Esprits bienheureux venaient fréquemment la visiter. Les Anges l'appelaient leur sœur; elle les nommait « *ses frères du Paradis.* » Ils la conseillaient, la consolaient et la dirigeaient en toutes choses; particulièrement « *ses deux chères Saintes.* » Les premières apparitions effrayèrent fort l'ignorante et simple enfant, mais elle s'y accoutuma promptement et les trouva plus douces que toutes les joies de la terre. Lorsque les Anges s'éloignaient, elle pleurait de regret : « *désirant bien fort qu'ils la prissent avec eux.* »

Même alors qu'ils cessaient d'être visibles à ses yeux, elle entendait leurs voix et sentait leur présence continuelle. Pendant quelque temps les envoyés du Ciel se bornèrent à former son âme à la piété et à toutes les vertus, à lui recommander : « d'être bonne et pieuse et d'aller souvent à l'église », à lui parler de Dieu et de Notre Dame. Lorsque sous leur direction, la jeune fille fut devenue telle que Dieu la voulait, l'Archange saint Michel lui parla de la France. Il lui apprit que Dieu avait fait choix d'elle, Jeanne, pauvre bergère, pour délivrer son pays du joug anglais.

— « Fille de Dieu, disait-il, fille au grand cœur, il faut

que tu ailles trouver Baudricourt, capitaine de Vaucouleurs, et qu'il te fasse mener vers le roi. Tu le feras sacrer à Reims et tu chasseras l'Anglais du royaume. »

Foudroyée par cette révélation, Jeanne se mit à pleurer.

— « Hélas ! hélas ! je ne suis qu'une pauvre fille ! je ne saurai ni monter à cheval, ni faire la guerre ! »

L'Archange répondit : « Fille de Dieu, fille au grand cœur, va, Dieu te sera en aide ! »

Jeanne résistait et s'effrayait : « Jamais ses parents ne consentiraient à son départ, — qui voudrait d'ailleurs, l'écouter ou la croire ? On chasserait comme folle une paysanne de dix-sept ans, se proposant pour accomplir ce que Dunois et Richemont n'avaient pu faire. »

Durant trois années elle lutta ainsi ; l'Archange et les Saintes n'avaient qu'une réponse, toujours la même : « Va, fille au grand cœur, Dieu te sera en aide ! »

Nous sommes en présence de la plus grande scène de notre histoire. La France est en péril de mort sans que nul bras humain puisse la secourir : Dieu la prend en pitié ; il la sauvera ; mais voulant qu'elle reconnaisse d'où lui vient le salut, il la sauvera par un prodige.

Dédaignant les auxiliaires qu'eussent employés les hommes : gloire, génie, science, richesse, il frappe d'impuissance les armes des Dunois et des Richemont et choisit pour instrument une enfant du peuple, pauvre, obscure, ignorante de tout, sauf de sa religion et des souffrances de sa Patrie.

Pour instruire cette enfant et la préparer à sa tâche héroïque, Dieu ne se sert pas d'un homme, grand saint, ou grand patriote. A mission extraordinaire, il faut un messager extraordinaire ; un Ange est envoyé à Jeanne d'Arc.

Quels que soient à ce sujet les murmures et les négations de la science athée ou libre-penseuse, il ne convient pas à des chrétiens d'être surpris de l'intervention des Anges. Leur existence est un des points de notre foi, ils sont les intermédiaires naturels entre Dieu et nous, la Bible et l'Evangile nous les montrent, à chaque page, en relation avec les hommes. Ils visitent les Patriarches, parlent aux Prophètes, annoncent la naissance du Christ, le servent au désert, consolent son agonie, proclament sa Résurrection.

Nous les voyons fortifier les Apôtres et les Martyrs ; et si leurs apparitions sous une forme visible sont devenues plus rares qu'aux temps anciens, elles n'ont pas cependant cessé. La vie des Saints nous en offre de nombreux exemples ; nous sommes ici en présence d'un de ces exemples.

L'ambassadeur de Dieu près de la fille du laboureur est choisi parmi les premiers des esprits célestes ; c'est le vainqueur de Satan, le glorieux Michel, patron de la France guerrière (1). Plein d'amour pour notre nation, il a prié en sa faveur et Dieu s'est laissé fléchir ; il lui reste maintenant à se faire écouter de l'enfant désignée pour l'œuvre du salut. Cédera-t-elle à ses instances ?

Le moment est solennel. Jeanne, libre d'accepter ou

---

(1) Saint Michel était l'ange protecteur du peuple juif, il est le patron de la France appelée comme le peuple juif a maintenir la vérité et son organe l'Église.

de refuser sa mission, tient en ses mains la vie et la mort de tout un peuple ; et pendant que l'enfant hésite et pleure, l'Anglais avance et la France agonise !

— « Va, fille au grand cœur ! Dieu te sera en aide ! » La fille au grand cœur croit en l'aide de Dieu et, dans un élan de foi, donne enfin le consentement si longtemps sollicité. L'Archange la bénit et s'élance triomphant au ciel. La France a trouvé sa libératrice.

Une fois résolue au sacrifice, Jeanne ne songea plus qu'à l'accomplir promptement. Saint Michel lui avait commandé d'aller trouver Robert de Baudricourt, mais la jeune fille ne pouvait s'aventurer seule à faire le voyage, moins encore à se présenter au rude et grossier soldat.

Un des frères d'Isabelle, nommé Durand Laxart, habitant près de Vaucouleurs, vint un jour chercher sa nièce Jeanne pour qu'elle soignât sa femme malade. Jeanne partit avec lui, et chemin faisant, lui confia ses visions, les ordres de l'Archange et de « ses chères Saintes, » et sa résolution de leur obéir. Laxart stupéfait pensa d'abord que sa nièce était folle, puis, subjugué par son accent de foi énergique et se souvenant d'une prophétie populaire qui annonçait la délivrance du royaume par une femme, il crut en la mission de Jeanne et lui promit son aide.

Dès le lendemain, le brave homme mena sa nièce chez Robert de Baudricourt.

Celui-ci les accueillit brusquement, s'amusa fort de la folie de « cette petite pastoure, qui prétendait aller en guerre et sauver le roi, » et voulut la congédier.

Jeanne insista sans s'intimider :

— « Mandez au Dauphin, dit-elle, qu'il ait bon courage, il sera roi en dépit de ses ennemis : je ferai lever le siége d'Orléans et je le conduirai à Reims où il sera sacré. Mon Seigneur le veut ainsi. »

— « Et qui est ton Seigneur ? » demanda le capitaine irrité de son obstination.

— « Le Roi du Ciel ! » répondit fermement Jeanne.

Baudricourt haussa les épaules, éclata de rire, et se tournant vers Laxart :

— « Votre nièce est une extravagante, bonhomme ! ramenez-la chez ses parents après l'avoir bien souffletée, et me laissez en repos ! » puis il les quitta sans autre adieu, et force leur fut de reprendre le chemin de Domremy.

Cet affront prédit à Jeanne par ses Saintes ne fit qu'aiguillonner son ardeur ; elle ne s'étonnait pas d'être rebutée, sentant qu'elle tentait l'impossible suivant les hommes ; mais elle ne se décourageait pas, sachant qu'elle aurait l'aide de Dieu.

Ses parents la reçurent avec joie, et la jeune fille reprit paisiblement sa vie de travail, de prière et d'obéissance, redoublant de tendresse envers ceux qu'elle allait quitter ; son cœur se déchirait à la pensée du départ, mais sa résolution ne faiblit pas : Dieu avait parlé, et la France attendait !

II

LE DÉPART

(Vaucouleurs)

> « Il faut que j'aille et que je fasse cela, parce que mon Seigneur veut que je le fasse. »

Au commencement de l'année 1429, Jeanne accompagnée du bon Laxart, quittait Domremy pour n'y plus revenir.

Ses parents l'envoyaient passer quelques jours chez sa tante, croyaient-ils ; si l'adieu de leur fille fut tendre, si elle eut de la peine à s'arracher des bras de sa mère, si elle revint donner un dernier baiser à la petite Catherine, et si elle se détourna plusieurs fois pour leur sourire, ils ne s'en alarmèrent pas. Jeanne était une fille si aimante et si bonne !

Elle traversa pour la dernière fois le village où elle

était née, disant un bonjour affectueux aux amis qui l'avaient connue dès le berceau, saluant l'église où elle avait été baptisée, le cimetière où reposaient ses grands parents.

En passant devant la maison de son amie Mengette, elle y entra pour l'embrasser, mais elle n'osa point aller chez sa chère Hauviette, sa préférée, craignant de se trahir.

Arrivée au sommet du côteau, elle s'arrêta pour jeter un suprême regard sur « *son pays* » et une angoisse amère la saisit. Ses parents la croiraient ingrate, dissimulée, indocile, et ne se consoleraient jamais de son départ; elle allait vivre parmi des gens de guerre et parler à des princes et à des capitaines, elle qui n'avait jamais quitté sa mère et ne savait que prier Dieu et filer sa quenouille ! quel sort l'attendait ? quel accueil lui serait fait ? par quelles souffrances et quels rebuts lui faudrait-il passer encore ? Peut-être demanda-t-elle à Dieu d'éloigner ce calice, mais l'Archange qui veillait à ses côtés lui murmura : « Dieu le veut ! » et Jeanne joignant les mains répondit : « que sa volonté soit faite ! » puis elle suivit Laxart calme et sereine sans regarder en arrière.

Elle n'appartenait plus qu'à Dieu et à la France, elle ne devait plus vivre que pour eux.

Laxart conduisit sa nièce à Vaucouleurs où Henri le Royer, honnête charron, et sa femme Catherine l'accueillirent chez eux. Catherine se prit d'une grande amitié pour la jeune fille qui l'aida dans ses travaux comme elle avait coutume d'aider sa mère et ne la quittait que pour aller à l'église.

Jeanne revit Baudricourt et lui parla avec tant d'énergie et d'autorité qu'il cessa de rire d'elle et de la rudoyer; mais il ne voulait pas la croire, encore moins la mener au roi. Jeanne se désolait; elle savait que les Anglais assiégaient Orléans depuis deux mois et craignait de ne pas arriver à temps pour sauver la fidèle cité. Elle prolongeait ses prières et ses pieuses veilles, implorant avec constance « l'aide de Dieu, » et rien ne put abattre son courage ni ébranler sa détermination.

Les gens de Vaucouleurs, émus de son arrivée, touchés de tant de piété et d'héroïsme, furent plus prompts que Baudricourt à croire en la mission de Jeanne. Ils la vénéraient comme une sainte, taxaient Baudricourt d'incrédulité et parlaient avec enthousiasme à tout venant de « la Pucelle (jeune fille) de Domremy. » On venait des villages environnants pour la voir et l'entendre et les plus durs la quittaient attendris.

Le bruit de sa renommée parvint aux oreilles d'un chevalier nommé Jean de Novelpont, et surnommé Jean de Metz. Il eut la curiosité de visiter Jeanne et de s'assurer par lui-même si c'était une folle, une sorcière ou une envoyée de Dieu. Au premier regard jeté sur elle, ses soupçons s'évanouirent. Cette expression de candeur et de franchise, ce regard ferme et intelligent, cette contenance modeste et digne, ne convenaient ni à une insensée ni à une possédée du démon.

— « Ma mie, lui dit-il après l'avoir saluée, que faites-vous ici ? Faut-il que le roi soit chassé de son royaume, et que nous devenions Anglais ? »

Jeanne soupira tristement : « Je suis venue ici, dit-elle, demander à Robert de Baudricourt qu'il me fasse conduire vers le roi, mais il n'a souci ni de moi ni de mes paroles ! Cependant, il faut que j'y sois avant la mi-carême, et dussé-je user mes jambes jusqu'aux genoux, j'irai ! Personne au monde, ni duc, ni roi ne peut reconquérir le royaume de France, et il n'aura de secours que de moi ! » et voyant l'étonnement se peindre sur le visage de Jean de Metz à cette affirmation hardie, elle ajouta doucement : — « Ce n'est pas mon état, je le sais, et j'aimerais mieux rester à filer auprès de ma pauvre mère, mais il faut que j'aille et que je fasse cela parce que mon Seigneur veut que je le fasse. »

— « Qui est votre Seigneur, ma mie ? » demanda Jean de Metz frappé de sa fermeté.

— « C'est Dieu ! »

Le brave chevalier la crut à ce mot, et prenant ses mains dans les siennes comme pour un serment, il lui jura de la conduire partout où elle voudrait, et quand elle le voudrait.

— « Plutôt aujourd'hui que demain ! s'écria Jeanne radieuse, et plutôt demain qu'après-demain ! le temps me dure ! »

Baudricourt hésitait toujours à la laisser partir, mais les gens de Vaucouleurs lui arrachèrent un consentement ; ils se cotisèrent pour donner à Jeanne un équipement d'homme de guerre, en rapport avec la mission qu'elle avait reçue de Dieu pour le salut de la France.

Jean de Metz et un de ses amis, Bertrand de Poulengy, lui offrirent des armes, Durand Laxart, un cheval, et Baudricourt entraîné par l'exemple lui fit don d'une épée.

Quand tout fut prêt pour le départ de Jeanne, les habitants de Vaucouleurs se rassemblèrent devant la maison du charron le Royer; là, Jean de Metz, Poulengy, et quelques soldats attendaient à cheval; Jeanne parut revêtue des habits militaires qu'elle ne devait plus quitter; elle embrassa cordialement sa bonne hôtesse Catherine puis son oncle Laxart qu'elle chargea de ses tendresses pour ses bien-aimés parents, et s'élança sur son cheval.

— « Va, lui dit Baudricourt pour tout adieu, et advienne que pourra ! »

Mais les gens de Vaucouleurs l'acclamèrent avec chaleur, se pressèrent sur son passage et lui promirent de prier pour elle. Quand elle eut disparu avec sa petite escorte, Durand Laxart reprit le chemin de Domremy pour aller apprendre à Jacques et à Isabelle le départ de leur fille.

Le premier moment de douleur et de surprise fut terrible ; tous deux pensèrent perdre la raison ; la pauvre petite Hauviette pleura beaucoup « sa bonne Jeanne. » Mais une lettre que fit écrire la fille et l'amie tant regrettée vint bientôt adoucir le chagrin des siens.

Jeanne demandait pardon à ses parents d'être partie sans leur permission, affirmant qu'elle avait obéi à l'ordre direct de Dieu, et les priant de lui donner leur bénédiction.

Ils la connaissaient trop bien pour douter d'elle ; non seulement ils pardonnèrent, mais ils crurent en sa mission et la bénirent pour son courage et son dévouement.

Le voyage de Jeanne vers Chinon où se trouvait alors le roi, dura onze jours ; les routes étaient infestées de brigands et d'Anglais, et tout braves qu'ils fussent, Metz et Poulengy s'en inquiétaient, n'ayant avec eux que peu de soldats.

Mais Jeanne se savait gardée par « ses frères du Paradis, » et rassurait ses compagnons. « Dieu me fera ma route jusqu'au Dauphin, leur dit-elle, c'est pour le sauver que je suis née ; n'ayez crainte, mes frères du Paradis me disent tout ce que je dois faire. »

Tout le long de la route, elle distribua des aumônes aux pauvres gens, empruntant gracieusement la bourse de ses compagnons quand la sienne était vide ; elle ranimait le courage et la gaieté de son escorte quand la fatigue se faisait sentir, prévenait les querelles, empêchait les blasphèmes, et au milieu de tout cela ne cessait de prier Dieu. Elle eût désiré entendre la messe chaque jour : « Ce serait bien, » disait-elle à Metz et à Poulengy, mais ils ne purent lui donner cette satisfaction que deux fois.

Ce voyage les remplit d'enthousiasme et d'admiration pour leur vaillante compagne et lorsqu'ils arrivèrent à Fierbois, près de Chinon, ils lui étaient dévoués jusqu'à la mort et déterminés à la suivre à travers tous les périls.

Une fois à Fierbois, Jeanne fit écrire au roi pour lui demander de la recevoir et de l'entendre.

— « J'ai fait, disait-elle, cent cinquante lieues pour venir vous trouver et j'ai des choses excellentes à vous révéler ; je saurai vous reconnaître entre tous. »

Le roi réunit ses conseillers et leur montra la lettre de Jeanne.

— « Une jeune fille, dit-il, vient de la part de Dieu pour conduire mon armée, battre les Anglais, les forcer à lever le siège d'Orléans et me faire sacrer roi à Reims. Que vous en semble ? »

La Trémouille, favori du roi, se mit à rire et déclara que la jeune fille était folle ; un autre la traita de sorcière, un troisième haussa les épaules ; mais La Hire et Xaintrailles dirent qu'il fallait au moins la voir, ne fût-ce que par considération pour Robert de Baudricourt qui l'envoyait, et pour Metz et Poulengy qui en répondaient.

Ces derniers appelés au conseil affirmèrent chaleureusement qu'on ne pouvait soupçonner Jeanne de sorcellerie, ni d'imposture, attendu qu'ils n'avaient jamais rencontré piété plus vraie et loyauté plus grande.

La reine de France, Marie d'Anjou, et sa mère Yolande d'Aragon, émues des récits de Metz et de Poulengy, supplièrent le roi de recevoir la « Pucelle de Domremy. »

Dunois enfermé dans Orléans ayant entendu parler d'elle, envoya des messagers au roi pour demander qu'on laissât venir Jeanne à son secours. Charles était à bout de ressources, ses coffres ne contenaient pas quatre écus et son armée comptait trop peu de soldats pour qu'il pût en envoyer à Orléans.

Après trois jours d'hésitations et de discussions au conseil, il se décida à essayer du secours merveilleux que Dieu lui envoyait et fit répondre à Jeanne qu'il lui accordait une audience.

Ce fut un grand jour pour elle ; le but de son voyage était accompli, elle allait voir le roi et obtenir de lui la permission de sauver la France au nom de Dieu.

III

LE ROI ET SA COUR
(Chinon)

> « Il y a plus au livre de Dieu
> qu'aux vôtres. »

Le soir du 10 mars 1429, la grande salle du château royal de Chinon était remplie d'une foule impatiente : chevaliers et seigneurs richement vêtus ou couverts de brillantes armures se groupaient pour causer avec animation ; les mâles et rudes figures de La Hire et de Xaintrailles rayonnaient d'espoir, La Trémouille était inquiet et mécontent, il gouvernait l'esprit du roi et voyait avec dépit s'annoncer une autre influence que la sienne.

Des prêtres et des docteurs en longues robes, entourant Regnault de Chartres, archevêque de Reims et chancelier de France, discutaient gravement sur les révélations divines faites de tous temps par Dieu à ses Saints.

Jeanne est-elle une sainte ou une sorcière ? Toute la question est là ; si elle vient du démon, il faut la repousser, si elle vient de Dieu, il faut la croire et la suivre.

Des soldats armés se pressaient aux portes, de jeunes pages à l'air malin et hardi se glissaient dans tous les groupes écoutant avidement les opinions diverses et les contestations des chevaliers.

Le roi Charles parut, salué avec un profond respect par ses sujets et répondant courtoisement et gracieusement à leurs saluts. La simplicité de son costume excita l'étonnement général ; pas un courtisan qui ne fût plus richement habillé ! Charles fit signe à La Trémouille de venir près de lui, et désignant le fauteuil royal élevé de plusieurs marches et surmonté d'un dais :

— « Tu vas prendre ma place, La Trémouille, dit-il, je veux savoir si la Pucelle de Domremy qui ne m'a jamais vu, me reconnaîtra caché parmi mes capitaines et vêtu comme eux. Nous saurons ainsi si c'est Dieu qui l'inspire. »

Un murmure d'approbation se fit entendre dans l'assistance ; La Trémouille monta les degrés du trône et s'assit à la place du roi.

Regnault de Chartres et les grands dignitaires se rangèrent autour du souverain improvisé, tandis que Charles se glissait aux derniers rangs, au milieu de simples capitaines.

La France opprimée et fidèle était là tout entière avec son roi, ses nobles, ses prêtres, ses soldats, attendant sa libératrice.

La porte s'ouvre enfin, et tous les yeux se tournent de ce côté. Le comte de Vendôme, sénéchal de la maison du roi, s'avance conduisant une jeune fille vêtue en soldat, à la physionomie sereine et fière, au regard profond, à la démarche noble et assurée ; la foule des courtisans s'écarte devant elle, et La Trémouille se penche pour lui parler. Mais elle ne regarde ni le trône, ni celui qui l'occupe ; d'un geste plein d'autorité, elle se fraye un passage à travers les groupes, va droit au roi qui se dissimule en vain, et s'agenouille devant lui :

— « Dieu vous donne bonne vie, gentil prince ! » dit-elle avec émotion.

— « Vous vous méprenez, ma mie, répond Charles, je ne suis point le roi ! » et montrant La Trémouille : « Le roi, le voici ! »

— « Au nom de Dieu ! reprit solennellement Jeanne, c'est vous qui êtes le roi, noble prince, et non point un autre. »

Jeanne était sortie victorieuse de l'épreuve imaginée par le conseil ; la foule applaudit, La Trémouille descendit du siège royal et Charles tendit la main à Jeanne pour la relever :

— « Quel est votre nom ? » demanda-t-il.

— « Noble Dauphin (elle ne voulait pas l'appeler roi tant qu'il ne serait pas sacré). Noble Dauphin, j'ai nom Jeanne la Pucelle. Le roi des Cieux vous fait savoir par moi que vous serez sacré et couronné à Reims et vous serez alors le lieutenant de Dieu, qui est roi de la France. Donnez-moi des soldats, et je ferai lever le siège d'Orléans ; c'est le plaisir de Dieu que les Anglais s'en aillent, sans quoi, il leur arrivera malheur, car le royaume doit vous demeurer. »

L'assurance avec laquelle Jeanne parlait au nom de Dieu comme son ambassadrice, surprit et frappa le roi. Il attira la jeune fille dans l'embrasure d'une fenêtre, et ils s'entretinrent longtemps à voix basse ; les assistants entendirent cependant Jeanne s'écrier avec une singulière autorité :

— « Je te dis de la part du Seigneur que tu es le vrai héritier de France et que tu dois recevoir le sacre et la couronne à Reims ; je suis envoyée pour t'y conduire. »

Ce ton imposant n'était pas habituel à l'humble fille ; elle ne l'employa à l'égard du roi que cette seule fois parce qu'elle transmettait les ordres du roi du Ciel.

Cette entrevue toucha et ébranla profondément Charles VII ; mais avant d'employer Jeanne il voulait la mieux connaître. D'après l'avis de son conseil, il envoya à Domremy de savants religieux prendre des informations sur la famille d'Arc et sur Jeanne elle-même, et il fut décidé que les docteurs de l'Université royale de Poitiers feraient subir à la jeune fille un minutieux examen sur ses révélations et les apparitions des anges.

Jeanne impatiente d'aller délivrer Orléans se désolait de ces retards et dès qu'elle était seule, se jetait à genoux pour prier Dieu « *de faire que le roi la crût !* »

— « Gentil prince, dit-elle une fois à Charles VII, pourquoi ne me croyez-vous pas ? Je vous dis que

Dieu a pitié de vous et de votre peuple, car saint Louis et Charlemagne sont à genoux devant lui, priant pour vous. Je vais vous dire une chose qui vous montrera que vous devez me croire : Le 1er novembre de l'an dernier vous fîtes à Dieu une prière dans le secret de votre cœur, » et elle répéta au roi saisi d'étonnement cette prière, connue seulement de lui et de Dieu.

L'aumônier du roi et trois conseillers présents à cette révélation ne doutèrent plus que Jeanne ne fût inspirée par un pouvoir surnaturel : l'enquête et l'examen devaient montrer si ce pouvoir était infernal ou divin.

Les religieux envoyés à Domremy revinrent disant n'avoir recueilli dans leur voyage que des éloges de Jeanne, de sa piété, de sa bonté, de sa droiture. Suivant eux, elle méritait qu'on la crût. On la conduisit à Poitiers où les plus savants docteurs en droit canon et en théologie se réunirent pour interroger cette enfant qui ne savait pas lire. L'examen dura quinze jours ; les questions les plus difficiles lui furent posées, elle répondit à tout sans embarras avec une fermeté inébranlable et une grande sagesse :

— « Je ne sais ni a ni b, disait-elle, mais il y a plus aux livres de Dieu qu'aux vôtres ; je suis envoyée pour faire lever le siège d'Orléans, et mener le roi à Reims pour qu'il y soit couronné et sacré. »

— « Eh bien ! Jeanne, lui dit-on croyant l'embarrasser, si Dieu veut sauver le royaume, il n'a pas besoin de soldats pour cela, sa volonté suffit. »

— « Les hommes d'armes batailleront, répondit Jeanne, et Dieu donnera la victoire. »

Les docteurs admirant sa foi et son bon sens lui dirent :

— « Jeanne, c'est bien répondu. »

Ils l'interrogèrent longuement sur les apparitions des Anges et des Saintes. Elle leur raconta tout ce qui s'était passé entre elle et eux, répondant patiemment sur ce qui la concernait ; mais au sujet de ses frères du paradis, elle montrait plus de susceptibilité et ne souffrait pas qu'on en parlât légèrement. Le docteur Pierre Séguin, « un bien aigre homme », qui s'exprimait en patois limousin, demanda un jour à Jeanne quel langage parlait saint Michel.

— « Meilleur que le vôtre ! » dit-elle vivement.

— « Croyez-vous en Dieu, Jeanne ? » reprit avec brusquerie le docteur piqué.

— « Mieux que vous ! » reprit Jeanne offensée d'un tel doute.

Le docteur se mordit les lèvres :

— « Eh bien ! Dieu ne veut pas qu'on vous croie sans que vous ayiez donné de votre mission un signe certain. Ce serait grande folie de mettre l'armée en péril sur la parole d'une simple bergère. »

— « En vérité, s'écria Jeanne à bout de patience, je ne suis pas venue à Poitiers pour faire des signes. Menez-moi à Orléans, et vous verrez les signes pour lesquels Dieu m'a envoyée. Si peu de gens qu'on me donne, j'irai. »

Devant le courage de la jeune fille et son ardeur de combattre, les objections des docteurs tombèrent. Pierre Séguin fut des premiers à déclarer qu'il la croyait inspirée de Dieu, et malgré la vivacité de ses répliques, lui voua une grande estime. L'Université de Poitiers, l'archevêque de Reims en tête, proclama après délibération que « cette petite paysanne avait répondu à tout comme les plus savants clercs ; qu'ils n'avaient vu en elle que tout bien : humilité, dévotion, simplicité, honnêteté, qu'elle était bonne et fervente catholique, et que ne pas l'employer serait se rendre indigne du secours de Dieu. »

Le peuple de Poitiers avait devancé par sa foi et son enthousiasme la décision de l'Université. Hommes de robe et d'épée, bourgeoises et nobles dames, pauvres gens et riches marchands, tous accouraient visiter Jeanne et lui parler. Ils la trouvaient presque toujours en prière, mais elle leur faisait le meilleur accueil et leur parlait si doucement et si gracieusement qu'ils la quittaient émus jusqu'aux larmes, s'écriant : « que c'était une créature de Dieu. » Les soldats entraînés par l'énergique ardeur de la Pucelle ne demandaient qu'à combattre sous ses ordres. La Hire, Jean d'Alençon, Xaintrailles, juraient hautement de la suivre partout fût-ce à travers le feu ; et Dunois envoyait message sur message réclamant le secours de « la Pucelle. »

C'est le nom que le peuple donnait à Jeanne et qu'elle conserva toute sa vie.

Les hommes de cœur avaient vite compris la Fille au grand cœur ; mais dans le conseil royal, La Trémouille et plusieurs diplomates de cour vouèrent dès lors à Jeanne d'Arc une haine sourde et méfiante inspirée par une mesquine jalousie.

La déclaration des docteurs de Poitiers trancha toutes les hésitations du roi : Jeanne fut acceptée pour chef de guerre et traitée comme telle. On lui fit une armure complète à sa taille, et on lui donna une suite et une maison militaire, ainsi qu'à un capitaine. Messire Jehan d'Aulon, vieux chevalier en grand renom de bravoure et de vertu fut son écuyer ; deux enfants de bonne noblesse, Louis de Contes et Raymond devinrent ses pages.

Jean de Metz et Polengy, parmi ses hommes d'armes, s'enrôlèrent les premiers. Connaissant les habitudes pieuses de Jeanne d'Arc, ils lui amenèrent un saint religieux Augustin, nommé frère Pasquerel.

— « Jeanne, dirent-ils, nous vous amenons ce bon père, si vous le connaissiez vous l'aimeriez beaucoup. »

La jeune fille les remercia, et prit frère Pasquerel pour aumônier.

Charles VII s'était réservé d'offrir une épée à la Pucelle, mais elle dit qu'on en trouverait une épée avec cinq croix sur la lame enfouie sous l'autel de sainte Catherine de Fierbois, et que les Saintes lui ordonnaient de la porter.

On fouilla sous l'autel et on trouva l'épée telle que Jeanne l'avait décrite.

Les prêtres de Fierbois et les bourgeois de Tours offrirent à Jeanne d'Arc deux fourreaux, l'un de velours rouge, l'autre de drap d'or.

Elle les accepta avec courtoisie, mais s'en fit faire un troisième de cuir solide pour porter à l'armée.

Chaque chevalier avait son étendard à ses armes qui lui servait à marquer son rang et à rallier ses soldats au combat. D'après l'ordre de l'Archange et des Saintes, l'étendard de Jeanne fut blanc, semé des lys de France. Il portait d'un côté l'image de Dieu le Père assis sur les nuées et tenant en ses mains le globe du monde ; deux Anges à genoux lui présentaient chacun un lys ; au dessus de ce tableau se lisaient en lettres d'or : « Jhésus Maria. » L'autre face de l'étendard représentait l'écusson de France soutenu par deux Anges. Jeanne aimait son épée, don de ses chères Saintes ; mais disait-elle, « j'aime quarante fois mieux mon Étendard. » C'était l'emblème de sa mission et le gage de « l'aide de Dieu. »

Les soldats que Jeanne allait commander étaient braves et accoutumés à la guerre, mais grossiers, indisciplinés, ne craignant ni Dieu ni diable, pillards effrontés, joueurs effrénés, buveurs incorrigibles, pour lesquels voler, tuer, incendier, blasphémer n'étaient pas même des peccadilles.

Leurs chefs qui avaient souvent grand'peine à les conduire, trouvaient cela tout simple :

— « Que voulez-vous, Jeanne ? disait le vieux La Hire, c'est le métier qui le veut ! Si Dieu le Père était homme d'armes, il serait pillard ! »

La Pucelle ne partageait pas les idées du brave chef de bande. Elle savait que la force d'une armée n'est pas tout entière dans le bras de ses soldats : « Les hommes d'armes bataillent et Dieu donne la victoire. » Jeanne voulait que son armée méritât de vaincre et elle entreprit de la réformer.

Sous l'influence de la sainte enfant qui « menait, disaient ses troupes, une bien belle vie, » on vit ces pécheurs endurcis, ces « vieux brigands armagnacs, » ramassés dans toutes les provinces, se repentir, aller à confesse, renoncer au pillage et se comporter honnêtement. Les désordres et les révoltes cessèrent, une discipline exacte s'établit ; le meurtre et le pillage furent sévèrement défendus, l'ivresse réprimée, une conduite régulière exigée, l'obéissance requise.

Les capitaines émerveillés ne reconnaissaient plus leurs soldats et s'étonnaient de voir Jeanne s'en faire obéir comme si elle eût passé sa vie dans l'habitude du commandement. Avec toute sa douceur, la Pucelle avait le don de l'autorité et se montrait souvent ferme et sévère. Elle reprenait les chevaliers et les princes eux-mêmes lorsqu'il leur arrivait de blasphémer. « Qu'avez-vous dit, capitaine ? s'écria-t-elle une fois que l'un d'entre eux avait laissé échapper en sa présence un effroyable juron ; au nom de Dieu, vous vous dédirez avant que nous partions d'ici ! » et le chevalier confus promit de ne plus jurer. Le brave La Hire lui avait fait la même promesse ; mais l'habitude l'entraînait irrésistiblement. Jeanne touchée de ses efforts pour s'amender lui permit de dire : « Par mon martin ! » (bâton) comme disent les paysans Lorrains.

Cet innocent juron devint en vogue dans l'armée et le nom de Dieu cessa d'y être profané. Telle fut la première victoire de Jeanne ; ceux qui connaissent les hommes jugeront qu'elle ne dut pas être la plus facile.

A ces soldats disciplinés et convertis vinrent se joindre Pierre et Jean d'Arc, envoyés par leurs parents pour veiller sur Jeanne et la défendre. Ils lui apportaient l'approbation et la bénédiction paternelle, les baisers de sa mère, les tendresses de ses amies, et de tous ces cœurs simples parmi lesquels elle avait grandi. Leur arrivée fut une grande joie pour la Pucelle. Elle cessa de se sentir isolée dans sa vie si nouvelle et si étrange ; les premiers amis de son enfance étaient à ses côtés, toujours prêts à l'écouter, à la consoler, à la croire, à la suivre.

LIVRE II

JEANNE L'HÉROÏNE

> Voilà donc quel vengeur s'arme pour ta querelle !
> Une femme, une enfant, ô sagesse éternelle ;
> Mais si tu la soutiens, qui pourra l'ébranler ?
> (RACINE.)

I

LE SIÈGE
(Orléans)

> Les hommes d'armes batailleront
> et Dieu donnera la victoire.

Le 28 avril, Jeanne se mit en route pour Orléans avec son armée ; les aumôniers marchaient en avant, chantant le *Veni creator*, et Jeanne impatiente d'arriver, pressait son cheval et ses gens.

Elle amenait aux Orléanais un renfort de 12,000 hommes, des charriots chargés de vivres et de munitions, des capitaines tels que La Hire, Gaucourt, de Boussac, Louis de Culan, amiral de France ; mais eût-elle été seule qu'ils n'eussent pas désiré son arrivée avec moins d'ardeur, tant ils croyaient fermement que Dieu était avec elle.

Avant d'engager les hostilités, Jeanne fit écrire aux généraux anglais pour les sommer de se rendre. La lettre est adressée au duc de Bedford *se disant* régent de France, et c'est au nom de Dieu que Jeanne réclame fièrement les droits « du sang royal de France. »

« Vous, Gladesdale, vous, Falstaff, vous, Suffolk, rendez à la Pucelle qui est envoyée ici *de par Dieu*, les clefs des bonnes villes que vous avez prises en France... Roi d'Angleterre, si vous ne vous en retournez en votre pays avec vos gens, je suis chef de guerre et je ferai qu'ils s'en aillent, qu'ils le veuillent ou non, et s'ils ne veulent obéir, je les ferai tous tuer.

« *Je suis envoyée ici de par le Roi du Ciel, corps pour corps, pour vous jeter hors de France.* Si vos gens veulent m'obéir, je les tiendrai à merci; mais n'allez pas vous imaginer que vous tiendrez jamais le royaume de France, de Dieu, fils de Sainte Marie. Celui qui le tiendra, c'est le roi Charles, le vrai héritier, car telle est la volonté de Dieu. Si vous ne voulez croire les nouvelles qu'il vous envoie par la Pucelle, nous frapperons de bons horions et ferons si grand tumulte, que de mille ans, il n'y en a eu pareil.

« Et croyez fermement, ajoute-t-elle avec sa foi vive, croyez que le Roi du Ciel enverra plus de forces à la Pucelle que vous n'en pourrez rassembler; et l'on verra qui a meilleur droit, du Dieu du Ciel ou de vous . »

Cette énergique sommation frappa les Anglais de stupeur. Habitués à se considérer comme les maîtres en France et à railler « le roi de Bourges; » ils étaient braves et menacés par une enfant du peuple, une pauvre « pastoure, » et en quels termes ! Jamais Charles VII, jamais aucun prince n'avait osé leur tenir si altier langage. Mais Jeanne ne parlait pas au nom du Roi de France : elle était l'envoyée de Dieu et ne relevait que de lui seul. Il ne lui convenait pas de ménager l'orgueil de ses ennemis.

Les chefs anglais, inquiets malgré eux, ne jugèrent pas de leur dignité de répondre « à la lettre d'une folle. » Mais ils retinrent prisonnier au mépris du droit des gens, le héraut qui l'avait apportée.

C'était désormais entre eux et la Pucelle une guerre à outrance.

Dunois, averti de l'arrivée de Jeanne sous les murs d'Orléans, passa la Loire en bateau pour venir la chercher et lui cria du plus loin qu'il la vit : « Je me réjouis fort de votre venue ! »

Mais Jeanne le réprimanda vivement de l'avoir forcée à venir par ce côté de la rivière contre son gré.

— « C'était l'avis de nos capitaines, » dit-il pour s'excuser.

— « Le conseil de mon Seigneur est meilleur et plus sage que le vôtre, répondit la jeune fille, je vous amène, sachez-le bien, le meilleur secours qui vint jamais à chevalier ou à cité, puisque c'est le secours du roi des Cieux. »

Dunois s'inclina devant cette autorité supérieure à toute sagesse humaine, et à dater de ce jour, il fut pour Jeanne un ami fidèle et dévoué.

Les vaisseaux ne pouvaient transporter que 200 hommes et un convoi de vivres ; force fut à Jeanne de laisser en arrière son armée sous les ordres des capitaines ; mais elle voulut que frère Pasquerel demeurât avec ses soldats, afin qu'ils ne retombassent pas dans les habitudes de pillage et d'ivresse qu'elle avait bannies de ses troupes.

Le 29 avril au soir, les vaisseaux abordèrent Orléans. Jeanne fit son entrée dans la ville accompagnée de Dunois, de La Hire, et de plusieurs chevaliers ; deux cents hommes d'armes suivaient. La Pucelle était armée de toutes pièces et montée sur un cheval blanc ; sa bannière flottait devant elle. Sa bonne grâce à porter les armes, et sa douce figure de femme souriant sous cet appareil martial, transportèrent les Orléanais. Ils se pressèrent autour d'elle, portant des flambeaux pour mieux la voir, la saluant d'acclamations enthousiastes ; tous voulaient toucher ses habits ou son cheval, les mères élevaient vers elle leurs petits enfants, les vieillards la bénissaient disant que Dieu leur envoyait un ange, les hommes criaient à l'envi : « Noël à la Pucelle ! » Ils faillirent mettre le feu à sa bannière en agitant leurs torches en signe d'allégresse.

Jeanne leur souriait, attendrie de leur chaleureux accueil, répondant par de douces paroles à leurs cris de triomphe, et prenant bien garde de ne blesser personne en se frayant un passage à travers cette foule en délire.

Elle alla d'abord à la cathédrale remercier Dieu de son entrée dans Orléans, puis on la conduisit à la maison de maître Boucher, trésorier de la ville, dont la femme et la fille l'accueillirent avec joie et respect, et lui offrirent leur appartement d'honneur. Le lendemain, Jeanne somma une seconde fois les Anglais de lever le siège et de lui renvoyer le héraut qui avait porté sa première lettre. Ils ne répondirent que par des injures grossières : « Misérable vachère ! cria leur commandant Gladesdale, tu es folle ! nous te prendrons et nous te ferons brûler sans miséricorde. »

Des larmes d'indignation jaillirent des yeux de la jeune fille insultée : « Vous mentez, Gladesdale ! répondit-elle, vous partirez d'ici ; beaucoup de vos gens seront tués, mais vous ne le verrez pas ! »

Des rires et des railleries accueillirent cette prédiction, injures et menaces recommencèrent à pleuvoir sur la Pucelle, mais Dunois ayant réclamé lui-même le messager de Jeanne et déclaré que les prisonniers anglais payeraient cher la déloyauté de leurs chefs, le héraut fut renvoyé sain et sauf.

Les hostilités commencèrent ; l'armée que Jeanne avait été contrainte de laisser hors d'Orléans, y entra le 4 mai sans que les Anglais osassent l'attaquer. A peine les soldats de Jeanne furent-ils dans les murs de la ville que quelques capitaines plus satisfaits de ce renfort que de l'arrivée de la Pucelle, allèrent donner l'assaut à une bastille anglaise. Jeanne n'avait été ni prévenue, ni consultée; elle reposait tout habillée sur son lit, fatiguée d'une longue chevauchée, tandis que ses hôtes et ses gens se divertissaient ensemble à la porte du logis.

Soudain Jeanne se lève, frémissante, effrayée: « Le sang de nos gens coule à terre, crie-t-elle, mes armes !

mon cheval !... » Son écuyer et son page accourent à son appel et l'aident à s'armer en toute hâte. « Ah ! sanglant garçon ! dit-elle au jeune Louis de Contes, vous ne m'étiez pas venu dire que le sang de France fût répandu... Mon conseil m'a dit que j'aille combattre les Anglais ! » A peine armée, elle se précipite dehors sans attendre personne, saute à cheval, se fait jeter son étendard par la fenêtre, tant son impatience est grande, et s'élance à bride abattue faisant jaillir les étincelles sous les pieds de son coursier. D'Aulon et Louis de Contes la suivent au galop et ne tardent pas à la rejoindre.

Les Anglais se défendaient opiniâtrément, et les Français commençaient à faiblir et à reculer lorsque Jeanne paraît au milieu d'eux, son étendard à la main: « En avant ! en avant ! s'écrie-t-elle d'une voix vibrante ; frappez hardiment ! ils sont à nous ! »

Elle se jette audacieusement au plus épais des combattants, les soldats se rallient autour d'elle, reprennent courage, et la mêlée devient furieuse. Jeanne est toujours au premier rang, animant les siens, agitant son étendard, donnant des ordres, mais son épée reste au fourreau. La Pucelle ne frappa jamais personne ; sa vaillance consistait non à tuer, mais à s'exposer à la mort. « En avant ! en avant ! » c'était son cri de « guerre. (1) C'est le cri familier de la valeur française ; cri « de fête autant que de bataille, joyeux autant que ter- « rible, qui a tant de fois et de si loin dérouté les

---

(1) H. PERREYVE. *Panégirique de Jeanne d'Arc.*

« savants calculs de l'ennemi. « En avant, soldats ! « frappez hardiment ! »

Devant l'élan furieux des Français, les Anglais cèdent et se retirent ; leur forteresse est prise et brûlée.

Les Orléanais acclament la Pucelle. Où est-elle, celle qui vient de vaincre l'altière Angleterre ? Elle est près des blessés tant anglais que français, pleurant sur eux, les soignant, les encourageant : « Ah ! dit-elle douloureusement, je n'ai jamais pu voir couler de sang français sans que mes cheveux ne se dressassent sur ma tête ! » Elle se désole de voir tant d'hommes morts sans confession et envoie chercher des prêtres pour absoudre ceux qui respirent encore.

Ce glorieux combat, la valeur de Jeanne, sa compassion de femme et de chrétienne pour les vaincus, touchent plusieurs capitaines jusque-là incrédules ; ils s'inclinent devant l'autorité de la noble fille et la reconnaissent pour chef. Quelques mécontents s'obstinèrent cependant encore à murmurer. Le sire de Gamaches, vieux guerrier, trouvait fort étrange qu'une femme lui donnât des ordres. Après une discussion au conseil avec Jeanne, il plia sa bannière et la remit à Dunois disant : « Qu'il aimait mieux se retirer de l'armée que d'obéir à une gardeuse de bestiaux. » Jeanne fort offensée de cette inconvenante sortie, répondit vivement et il fallut toute l'éloquence de Dunois pour décider le chevalier et la guerrière à se réconcilier. Ils se donnèrent la main devant le conseil, mais ce ne fut « qu'à rèchin » (à regret) de part et d'autre.

Encore quelques jours, et ces hommes rudes et fiers,

mais pleins de loyauté passeront de la défiance et à l'admiration et à la foi.

Les 5 et 6 mai, Jeanne fit exécuter de vigoureuses sorties sur l'ennemi, lui enleva une seconde forteresse et le repoussa au-delà de la Loire. Elle voulait donner un assaut décisif aux Anglais le lendemain 7 mai, et eut à maintenir sa volonté contre tout le conseil de guerre et les chefs de l'armée.

— « Vous avez été en votre conseil, messires, dit-elle avec une gravité fière, et moi, j'ai été au mien, et croyez que le conseil de mon Seigneur l'emportera sur le vôtre. »

« Je serai blessée en ce combat, mais je ferai de plus grandes choses que je n'en fis jamais. »

Le conseil s'obstinant et la taxant d'imprudence, Jeanne rassembla un assez grand nombre de soldats et de citoyens, et, après avoir ouï la messe, se mit à leur tête pour aller attaquer le fort des Tourelles, dernier rempart des Anglais. »

— « Attendez-moi pour souper, cria-t-elle gaiement à son hôte, je vous ramènerai un Anglais qui en prendra sa part. »

La petite troupe s'ébranle en bon ordre ; à la porte de la ville, Raoul de Gaucourt, bailli d'Orléans, lui barre le passage, objectant les ordres du conseil de guerre.

Jeanne ne veut rien entendre : « Que cela vous convienne ou non, dit-elle à Gaucourt, les gens de guerre sortiront de la ville, et ils vaincront comme ils ont déjà vaincu. » Gaucourt est repoussé par les soldats et le peuple ; la porte est forcée, et Jeanne et les siens s'élancent à l'attaque du fort.

Les chefs honteux de la laisser combattre seule, accourent la rejoindre. Les Anglais se défendent comme des désespérés, Jeanne est partout, inspirant à tous la confiance qui l'anime ; elle saisit une échelle, et l'applique elle-même contre le rempart ; mais une flèche vient la frapper à l'épaule et son sang coule abondamment.

Saisie d'effroi et de douleur, elle pleure un moment, puis se calmant, elle arrache la flèche. Son écuyer d'Aulon et ses pages accourent ; Gamaches vient à son secours et lui offre son propre cheval pour s'éloigner du champ de bataille : « Acceptez-le, brave chevalière, dit-il, et ne me gardez point rancune. »

Elle lui tendit la main déclarant : « Qu'elle n'avait jamais vu chevalier mieux appris, » et n'eut pas, par la suite d'ami plus enthousiaste que le sire de Gamaches.

Cependant ses serviteurs l'avaient transportée à l'écart, et s'empressaient de panser sa blessure ; quelques soldats qui croyaient à la magie voulaient « charmer la plaie » et arrêter le sang par des paroles cabalistiques ; mais elle s'y refusa obstinément : « J'aime mieux mourir que d'offenser Dieu, » fut sa réponse à leurs instances. On la pansa avec de l'huile d'olive ; puis elle se confessa au frère Pasquerel, et pria quelque temps.

Dunois et d'autres chefs vinrent lui dire qu'ils ne pouvaient emporter le fort et qu'ils allaient ramener les troupes dans la ville : « Non ! non ! s'écria Jeanne, en avant ! vous entrerez bientôt dans le fort, n'en faites doute ! »

Elle se relève, demande son cheval et court diriger l'assaut, plus animée et plus ardente que jamais. A sa voix ses soldats font un suprême effort, escaladent le boulevard ennemi et tombent sur les Anglais qu'ils égorgent sans quartier.

— « Hé ! Gladesdale ! crie Jeanne à leur commandant, rends-toi ! tu m'as injuriée ; mais, j'ai pitié de ton âme et de celle des tiens. Rends-toi au Roi des Cieux ! »

Mais Gladesdale sourd à ces généreuses paroles, s'acharne à se défendre sur le pont-levis avec une poignée d'hommes ; soudain un effroyable craquement se fait entendre, le pont s'est rompu sous les pas des soldats, et s'écroule dans la Loire entraînant Gladesdale et les derniers défenseurs du fort des Tourelles. Des cris confus, des malédictions s'élèvent, puis l'eau se referme sur ses victimes.

La défaite des Anglais est consommée. Jeanne et les siens rentrent dans la ville au son des cloches annonçant la victoire, et vont à la cathédrale chanter le Te Deum. En une semaine, « la Pucelle de Domremy » avait mis fin à un siège qui durait depuis sept mois.

Les Anglais consternés passèrent la nuit en délibérations ; ils se sentaient vaincus par une puissance surnaturelle. Avouer que Jeanne était inspirée du Ciel, c'était avouer que Dieu même combattait contre eux ; leur orgueil national aima mieux attribuer au démon les succès miraculeux de la Pucelle. Ils proclamèrent bien haut qu'elle était sorcière et avait soulevé l'enfer. Mais sorcière ou non, elle les avait vaincus ; ils se décidèrent à lever le siège et à se retirer.

Le dimanche, 8 mai, toute l'armée anglaise abandonna ses bastilles et ses camps, laissant là vivres, artillerie, malades, blessés ; mais emmenant les prisonniers dont elle pouvait espérer rançon. Les capitaines français voulaient poursuivre leurs ennemis en retraite ; Jeanne ne le permit pas ; elle n'aimait pas combattre un adversaire qui tournait le dos, et ne souhaitait point de mal aux Anglais à condition « qu'ils s'en allassent dans leur pays. »

Orléans délivré, pouvait à peine croire à son triomphe ; la ville célébra cette solennelle journée par une procession accompagnée d'un sermon, et décida qu'elle serait renouvelée tous les ans en mémoire de « la Pucelle. » Deux jours après, Jeanne s'arrachait aux transports de reconnaissance des Orléanais et partait accompagnée de Dunois et de son armée pour revenir auprès du roi.

Charles la reçut avec honneur comme il convenait après une telle victoire, mais ne voulut rien entreprendre sans l'avis de ses conseillers.

Jeanne le pressait de marcher sur Reims sans retard ; le conseil royal perdait le temps en lenteurs et en hésitations ; Jeanne victorieuse, était regardée avec une sourde envie et une crainte inquiète par ces hommes d'intrigue.

Un jour qu'ils délibéraient, ils entendirent frapper à la porte ; c'était Jeanne suivie de Dunois ; elle s'agenouilla devant le roi et embrassa ses genoux : « Noble

Dauphin, dit-elle avec un accent d'ardente prière, ne prenez pas tant et de si longs conseils, mais venez le plus tôt possible à Reims pour y recevoir votre digne sacre. Mon conseil est meilleur que le vôtre, et mes Saintes me pressent de partir.

— « Jeanne, dit le roi, comment vous parle votre conseil ? vous plairait-il de me le confier ? »

— « Oui, répliqua Jeanne, quand on ne veut pas croire ce que je dis de la part de Dieu, je prie ; et quand j'ai prié, mes Saintes me disent : « Va, Fille de Dieu, je serai à ton aide », et je suis si heureuse, que c'est merveille. »

Le roi fut touché, mais ses conseillers presentèrent mille objections au départ pour Reims qu'ils trouvaient téméraire ; en outre, ils avaient laissé l'armée se disperser, et il leur fallait plus de six semaines pour la réunir de nouveau.

— « Au moins, dit Jeanne, laissez-moi aller reprendre aux Anglais les villes qu'ils tiennent encore sur la Loire. »

Le roi et le conseil y consentirent et adjoignirent à Jeanne comme lieutenant-général le duc d'Alençon ; elle lui fit très bon accueil.

— « Soyez le bienvenu, gentil duc, plus il y aura de princes du sang de France ensemble, mieux cela vaudra. » D'Alençon, Dunois, La Hire qui brûlaient de combattre, secondèrent de leur mieux la Fille au grand cœur, et la soutinrent contre la malveillance du conseil.

Une armée se forma rapidement ; de tous côtés les

seigneurs accouraient avec leurs hommes d'armes se ranger sous la bannière de la Pucelle. Après tant de maladresses, de faiblesse et de fautes, ils sentaient qu'ils avaient enfin trouvé un chef. Ce chef était une femme, mais une femme inspirée de Dieu, et conseillée par les Anges ; une femme qui avait triomphé des Anglais, délivré Orléans, transformé son armée, une femme qui avait étonné les plus habiles capitaines par sa science militaire, surpassé les plus braves chevaliers par son audace, forcé les plus rebelles à lui obéir et les plus hostiles à l'admirer, une Sainte qui priait, jeûnait, faisait l'aumône, pansait les blessés au milieu des camps, et dont la présence arrêtait le blasphème et le pillage.

Ses compagnons d'armes rendaient d'elle un témoignage enthousiaste : « Toutes ses actions et toutes ses paroles, a dit plus tard Dunois, avaient un caractère surnaturel. »

D'Alençon ajoute qu'elle déployait parmi ses troupes l'habileté et l'expérience d'un capitaine exercé par une pratique de vingt années ; « spécialement dans l'emploi de l'artillerie, où elle avait une science consommée. »

Nul ne savait comme elle mener les soldats au combat ; d'un mot, elle les électrisait. « Son impatiente valeur si « française, était secondée par une verve spirituelle et « joyeuse et par cette indomptable gaieté qui, chez « nous, trouve toujours un dernier chant et un dernier « sourire (1). »

(1) H. Perreyve. Panégyrique.

La vie des champs l'avait endurcie à la fatigue : sobre et dédaignant les recherches de la vie aisée, elle était si forte à porter les armes qu'il lui arriva de demeurer six jours et six nuits complètement armée en casque et cuirasse sans en souffrir.

« Ce semble chose toute divine de la voir et de l'entendre, écrivait à sa mère le jeune seigneur Guy de Laval qui venait de se mêler à l'armée de Jeanne.

« Je la vis monter à cheval armée tout en blanc, une petite hache à la main. Son grand coursier noir se démenait fort et ne souffrait qu'elle montât. Elle dit alors : « Menez-le à la croix. »

« Cette croix était devant l'église, sur le bord du chemin ; elle monta alors, sans que le cheval bougeât plus que s'il eût été lié. Puis se tournant vers l'église, elle dit d'une douce voix de femme : « Vous, prêtres et gens d'église, faites processions et prières à Dieu, » et se mit en chemin disant à ses gens : « Allez en avant ! » son étendard était porté devant elle par un gracieux page ; un de ses frères partait avec elle, tout armé aussi en blanc....

« La Pucelle m'a dit avoir envoyé à mon aïeule un anneau d'or, mais que c'était bien petite chose, et qu'elle eût voulu envoyer mieux, attendu la grande estime qu'elle a pour vous. »

L'aïeule de Guy de Laval était la veuve de Du Guesclin, remariée depuis au seigneur de Laval ; cette femme énergique avait défendu contre les Anglais l'héritage de ses petits-fils, et Jeanne lui portait une haute estime.

« Le roi voudrait me retenir près de lui, ajoute Guy de Laval (le roi ne partait pas encore, il attendait que Jeanne eût repris les villes de la Loire). Le roi voudrait me retenir près de lui jusqu'à ce qu'il aille à Reims, mais à Dieu ne plaise que j'attende jusque-là, et que je n'aille d'abord où l'on va se battre ! Mon frère en dit autant, ainsi que le duc Jean d'Alençon ; celui qui demeurerait ici en pareille circonstance serait bien *abandonné !* »

Il prie sa mère de lui envoyer de l'argent, fallût-il vendre ses terres. « Car si nous n'usons de nos propres deniers, nous courons grand risque de demeurer seuls, vu qu'il n'y a point de solde pour nos gens. Il n'y a point d'argent à la cour, ou si peu que nous ne pouvons espérer aucun secours. » Enfin, il termine en disant que « Monseigneur d'Alençon, Dunois, Gaucourt partent pour rejoindre la Pucelle, Vendôme et Boussac sont arrivés, La Hire s'approche et ainsi on *besognera* bientôt. Dieu veuille que ce soit suivant nos désirs ! »

Ceci se passait à Selles, en Berry. Ce fut avec cette nouvelle armée pleine d'ardeur et d'espoir, composée des plus vaillants chevaliers de France, que Jeanne partit pour enlever aux Anglais les villes de la Loire, et s'ouvrir un chemin vers Reims.

— Dieu nous conduit, disait-elle ; si Dieu n'était mon guide, pensez-vous que je n'aimerais pas mieux garder les brebis que de m'exposer à de tels périls ?

II

LE SACRE

(Reims)

> « Mon âme glorifie le Seigneur
> « parce qu'il a regardé la bassesse de
> « sa servante. »
> (*Évangile saint Luc.*)

Le 11 juin, Jeanne avec Dunois et d'Alençon pour lieutenants, était devant la ville de Jargeau où s'était réfugié le général anglais Suffolk, et donnait l'assaut à ses murailles. L'artillerie anglaise se défendait par un feu bien nourri : « Retirez-vous de cet endroit, beau duc, dit Jeanne à d'Alençon en lui montrant une des pièces ennemies, sinon voici une machine qui vous tuera. » Le duc s'écarte de quelques pas, et le canon frappe mortellement un gentilhomme qui venait de prendre cette dangereuse place.

— Maintenant, s'écrie Jeanne, à l'assaut, beau duc ! n'aie point de crainte, ne sais-tu pas que j'ai promis à ta femme de te ramener à elle sain et sauf ?

On descend dans les fossés, on dresse les échelles. Jeanne monte la première, son étendard à la main, mais une énorme pierre vient frapper son casque et la renverse ; un cri de terreur est poussé par ses soldats. « Amis ! leur dit, en se relevant, l'intrépide enfant, amis ! sus aux Anglais ! Dieu les a condamnés. A cette heure, ils sont nôtres ! en avant ! »

Les Français s'élancent : rien ne leur résiste, l'ennemi s'enfuit. Suffolk est fait prisonnier, et Jargeau est au roi Charles.

Le Connétable de Richemont disgracié, qui guerroyait en Poitou, s'avança pour rejoindre Jeanne avec ses troupes ; il arriva tandis qu'elle se préparait à assiéger Beaugency et envoya demander qu'on lui assignât sa place pour prendre part au siége. L'arrivée du grand Connétable consterna les chefs de l'armée royale, le roi ayant formellement défendu à d'Alençon de le recevoir. On tint conseil ; d'Alençon déclara que si on n'obéissait pas au roi, il se retirerait de l'armée. La Hire qui connaissait la vaillance et les talents du Connétable, et qui savait que sa disgrâce était l'œuvre de la Trémouille, voulait qu'on l'accueillît malgré les ordres royaux.

L'assemblée était divisée et embarrassée. Jeanne n'écouta que le conseil de ses Saintes et de Saint Michel, elle se rendit au-devant de Richemont, et le salua avec respect :

— Jeanne, lui dit Richemont avec cette rude franchise qui l'avait fait bannir de la cour, on m'a dit que vous me vouliez combattre. Si vous êtes envoyée de Dieu, je ne vous crains pas, car Dieu sait ma bonne volonté : et si vous êtes envoyée du démon, je vous crains encore moins.

Jeanne sourit et lui répondit amicalement : « Beau Connétable, vous n'êtes pas venu ici de par moi, mais puisque vous êtes venu, vous arrivez à propos. »

Elle rentra au camp avec lui, promettant à Jean d'Alençon qu'elle réconcilierait Richemont avec le roi. Elle tint sa promesse, en dépit de la haine de la Trémouille, rendant ainsi au royaume un aussi grand service, que lorsqu'elle écrasait les Anglais. Richemont était le premier capitaine de son temps, et sa terrible épée devait donner dans la suite de glorieuses victoires à la France.

La ville de Beaugency ayant capitulé, l'armée anglaise se replia sur Patay. Jeanne la poursuivit, l'atteignit et lui livra bataille.

— Avez-vous de bons éperons ? dit-elle avant le combat à ses chevaliers.

— Comment ! dirent-ils, devons-nous donc fuir ?

— Nenni, répliqua la Pucelle ; c'est pour les poursuivre, car ils s'enfuiront. Je suis sûre de la victoire. En avant ! quand ils seraient pendus aux nuages, nous les aurions ! »

Les Anglais étaient commandés par Talbot, le plus illustre de leurs chefs, et confiants dans leur nombre. Mais l'impétuosité des Français fut irrésistible. Talbot ayant été fait prisonnier, la panique s'empara de ses soldats, et l'armée anglaise en pleine déroute s'enfuit, poursuivie par les vainqueurs. Ce fut un désastre accablant pour nos ennemis. Plusieurs villes soumises aux Anglais se hâtèrent de se rendre à Jeanne ; et, le 18 juin, elle ramenait au roi ses troupes victorieuses. En quatre jours, la Pucelle avait pris trois villes et gagné une bataille rangée.

Le roi se décida enfin à partir pour Reims, comme Jeanne ne cessait de l'en supplier, mais ce fut avec mille lenteurs, mille tergiversations, car le conseil hésitait et craignait toujours. Jeanne laissa dire les conseillers, se contentant de répéter : « Il faut aller à Reims, c'est la volonté de Dieu, » et sa fermeté l'emporta. Le roi se mit en route avec 12 mille hommes ; plusieurs villes occupées par les Anglais se rendirent à lui sans coup férir. Troyes fit quelque résistance, et le roi songeait à l'abandonner, lorsque Jeanne affirma qu'avant deux jours, Troyes serait à lui. « Par amour ou par force » dit-elle, et aussitôt elle commanda l'assaut.

Voyant l'artillerie rangée sous leurs murs, les bourgeois de Troyes, saisis de frayeur, se hâtent d'apporter au roi les clefs de leur ville. La garnison anglaise se retire avec armes et bagages et veut emmener les prisonniers français, mais Jeanne s'y oppose énergiquement, et, d'après ses instances, le roi les rachète.

Châlons suit l'exemple de Troyes ; on arrive devant Reims : ses habitants viennent d'eux-mêmes faire leur soumission au roi.

Charles entre dans la ville en grande pompe, accompagné de Jeanne et suivi de ses chevaliers ; il est reçu par le peuple aux cris de : « Noël ! Noël ! vive le roi ! » et la cérémonie du sacre est fixée au lendemain.

Le dimanche 17 juillet 1429, l'immense cathédrale de Reims splendidement éclairée, ornée de tentures précieuses, de fleurs, de bannières flottantes, attendait le roi de France. L'Archevêque en grand costume, entouré de tout son clergé revêtu de riches chapes et de chasubles dorées, siégeait dans le chœur, des chevaliers couverts d'étincelantes armures, leur bannière à la main ; des courtisans parés avec recherche, des nobles dames vêtues de satin et de velours, des soldats armés, des bourgeois en longue robe, des bourgeoises en habit de fête remplissaient la nef. Une foule innombrable de peuple se pressait aux portes de l'église, sur les marches, dans les rues, aux fenêtres, avide de voir au moins le cortège royal, si elle ne peut assister au sacre.

Parmi cette foule, un vieux paysan lorrain, pauvrement vêtu, au visage ridé, aux mains calleuses, mais dont le cœur palpite de joie et d'orgueil, pleure sans contrainte en entendant bénir par tous Jeanne la Pucelle. Autour de lui, on répète que tout était perdu, qu'elle seule a tout sauvé : le roi, la France et l'honneur français. Les soldats exaltent son intrépidité, les pauvres sa charité, les femmes sa piété et sa douceur. « Ah ! s'écrie un vieux bourgeois à bout d'éloges, je voudrais bien avoir une aussi bonne fille ! » Le paysan se tourne vers lui : « Dieu vous bénisse, brave homme ! Je suis son père ! » C'est, en effet, Jacques d'Arc qui vient assister au triomphe de sa fille bien-aimée et au sacre de son roi.

Les rangs serrés de la foule s'ouvrent devant lui : « Place au père de la Pucelle ! laissez-le entrer dans l'église ! laissez-le passer au premier rang ! Noël ! Noël ! voici le cortège. »

Charles VII, s'avance, suivi de ses douze pairs, parmi lesquels on remarque La Trémouille, d'Alençon, Guy et André de Laval, Jeanne, dans sa brillante armure, marche près du roi, son étendard à la main, les yeux levés au ciel, le visage rayonnant de bonheur.

Les princes, les chefs de l'armée, les évêques, les grands de la cour viennent ensuite.

Les hommes d'armes frayent un passage au cortège, qui entre dans la cathédrale aux acclamations du peuple.

Le roi va s'agenouiller devant l'autel, Jeanne reste debout à ses côtés, appuyée sur son étendard ; l'Archevêque de Reims se lève et la cérémonie commence.

Le moment est solennel pour la France chrétienne qui veut tenir son roi des mains de Dieu. Charles VII prête les serments d'usage, le duc d'Alençon l'arme chevalier, l'Archevêque prend la sainte Ampoule qui depuis Clovis, contient l'huile du sacre, les onctions saintes sont faites, la couronne royale de France est posée sur la tête inclinée de Charles. Tout est accompli, les prétentions des Anglais sont anéanties. Charles de Valois est roi légitime, roi très-chrétien, lieutenant de Dieu sur terre ; ses sujets tressaillent d'allégresse, un long cri de : « Vive le roi ! » s'élève sous les voûtes de la cathédrale, et les fanfares joyeuses des trompettes apprennent au peuple la bonne nouvelle : « Noël ! Noël ! crie-t-on au dehors ! vive le roi ! Noël à la Pucelle ! » Jeanne pleurant de joie se jette aux pieds de celui qu'elle a sauvé avec son peuple, et embrasse ses genoux : « Noble roi ! dit-elle, noble roi ! enfin est exécuté le plaisir de Dieu qui voulait que vous vinssiez à Reims recevoir votre digne sacre, montrant par là que vous êtes le vrai roi de France à qui le royaume doit appartenir. »

La volonté de Dieu accomplie, le roi couronné, la France sauvée, les Anglais vaincus, tout cela est l'œuvre d'une enfant ; mais cette enfant est : « l'Epée de Dieu. » C'est à lui qu'elle renvoie sa gloire et fait hommage de ses victoires ; ne lui demandant en récompense de son obéissance que le salut de son âme. Saint Michel et ses Saintes ne lui permettent point les rêves terrestres, mais élèvent de plus en plus vers le ciel toutes ses pensées.

Et cependant, ce jour est son jour de triomphe, d'un triomphe sans mélange ! Toutes les défiances se sont tues, toutes les hésitations ont cessé, les ennemis de Jeanne courbent la tête devant sa gloire éclatante, et ses amis, ses fidèles amis, ceux qui ont cru les premiers en elle, et l'ont soutenue à travers toutes les difficultés, sont récompensés de leur foi.

Jean de Metz, Poulengy, Pierre et Jean d'Arc, La Hire, Dunois, d'Alençon, le brave d'Aulon sont radieux et fiers ; ils ont été avec Jeanne à la peine, les voilà avec elle à l'honneur. Et quel honneur ! Jamais roi, jamais prince, n'a été acclamé, honoré, béni, comme la Pucelle. Volontiers on l'eût adorée. Le peuple se précipite en foule au-devant elle ; on baise ses mains et ses habits, malgré sa résistance ; on lui amène les petits enfants, les femmes lui présentent leurs chapelets, la priant de les toucher :

— « Touchez-les vous-mêmes, bonnes gens, dit-elle en souriant, ils seront aussi bons ! »

Mais émue de ces naïfs témoignages d'amour elle y répond affectueusement, vide sa bourse dans la main des pauvres, caresse les enfants et se recommande aux prières de tous. On la voit aller de grand matin dans les églises, et s'agenouiller parmi ce « menu-peuple » dont elle est sortie et qu'elle « protège et soutient de tout son pouvoir. » Elle choisit le jour où les enfants des mendiants font leur première communion pour communier avec eux. En dehors de la guerre et de ses compagnons d'armes, elle fait sa société habituelle de pieuses femmes et de jeunes filles avec lesquelles elle visite les pauvres et les malades, parle de Dieu, de sa mère et de Domremy.

Son cher Domremy, son pays natal est toujours présent à son cœur.

— Jeanne, lui dit le roi après le sacre, demandez tout ce que vous voudrez, je vous l'accorderai.

— Sire, répond-elle, qu'il vous plaise d'exempter pour toujours mon village de Domremy des impôts et des taxes !

Le roi exauça volontiers l'unique prière de celle qui l'avait couronné, et tant que la royauté française dura, on put lire sur les registres d'impôts, au nom de Domremy : « Rien — la Pucelle. »

Qui redira l'émotion et la joie de Jeanne lorsqu'elle put se jeter dans les bras de son père accouru de si loin pour la revoir ? Touchante et noble mission du chef de famille venant sanctionner de son autorité le sacrifice et l'héroïsme de son enfant ! C'est de Jacques d'Arc que Jeanne tient la notion du devoir et de l'honneur, et pour qu'elle soit si élevée chez la fille, combien ne faut-il pas qu'elle soit forte chez le père ! Après Dieu, c'est à lui que la France doit Jeanne d'Arc.

La réunion est courte, la joie fugitive ; mais elle apporte à la Pucelle un surcroît de force et de consolation. Le vieillard bénit sa fille, répète une fois de plus à ses fils : « Fais ton devoir ! » et s'éloigne ayant accompli sa tâche dans la grande œuvre du salut de son pays. Il lui a cédé ses droits sur son enfant.

Jacques d'Arc de retour à Domremy, annonça à ses compatriotes que, grâce à la Pucelle, leur village était désormais franc d'impôts. Mille bénédictions accueillirent cette nouvelle, les taxes d'alors étaient ruineuses pour le paysan. Toutes les chaumières répétèrent à l'envi la gloire de Jeanne, et les récits du sacre royal et du triomphe de la Pucelle furent longtemps l'entretien des veillées. Pas un villageois de Domremy qui ne se sentît fier d'être « du pays de Jeanne d'Arc. » Ah ! ce n'est pas un vain lien que d'avoir foulé le même sol, respiré le même air, contemplé les mêmes collines, parlé le même dialecte ! Le pays ! c'est la famille agrandie ;

l'honneur ou le déshonneur d'un de ses enfants rejaillit sur tous.

Une faveur particulière vint distinguer la famille d'Arc entre tous ses compatriotes : ce fut l'anoblissement.

La noblesse était alors le prix des services militaires, et nul ne la méritait mieux que Jeanne. Le roi lui donna le rang d'un comte, créa tous ses parents gentilshommes, ajouta au nom d'Arc celui de « du Lys, » et composa lui-même les armoiries de cette nouvelle et glorieuse famille noble. Elles représentaient entre deux fleurs de lys, l'épée de Jeanne soutenant la couronne royale. De plus, par un privilège unique, les femmes eurent le droit de transmettre à leurs descendants, cette noblesse acquise par une femme. Que Catherine d'Arc du Lys épousât un paysan, ses enfants ne seraient pas moins des gentils-hommes que si elle eût épousé un haut baron. Pierre d'Arc, le frère préféré de Jeanne et son plus fidèle compagnon, reçut l'ordre de la chevalerie et s'appela désormais : le Chevalier du Lys.

Ce témoignage de reconnaissance royale honore plus encore Charles VII que la famille d'Arc. Quelle noblesse de titre et de rang peut valoir la gloire d'être le père ou la mère, le frère ou la sœur de Jeanne d'Arc ? Ce nom radieux et pur, au lieu de recevoir l'honneur l'a répandu sur tout ce qui l'a entouré : sur le roi que Jeanne a servi, les princes qui furent ses compagnons d'armes, la famille dont elle reçut la vie, le village de Domremy, la province de Lorraine et la France entière, qui entre tous ses titres de gloire, n'en a peut-être pas de plus beau que d'être la Patrie de Jeanne d'Arc.

Le jour même du sacre, Jeanne fit écrire au duc Philippe de Bourgogne. Attristée de voir un prince français combattre contre son pays, elle essaya de le toucher par ses prières et de le rappeler à l'honneur par ses reproches.

« Au nom du roi du Ciel, je vous supplie, à mains jointes, s'écrie-t-elle, de faire la paix avec le roi ! »

Il y avait du sang entre Charles VII et son parent Philippe; le duc d'Orléans, oncle du roi, périt assassiné par Jean Sans-Peur, père du Duc; et Jean Sans-Peur tomba frappé à mort aux pieds de Charles, quelques années plus tard. La vengeance avait jeté Philippe-le-Bon dans les bras de l'Angleterre, et c'est cette vengeance que Jeanne le supplie « à mains jointes » de sacrifier à son pays.

« Le roi et vous, pardonnez-vous l'un à l'autre comme de loyaux chrétiens; et s'il vous plaît de faire la guerre, faites-la aux Sarrazins... Guerroyer contre le saint royaume de France, c'est guerroyer contre le roi Jésus, roi du Ciel et de tout le monde. Vous ne gagnerez pas de bataille contre les loyaux Français. »

Cette lettre demeura sans réponse. Néanmoins les conseillers royaux entamèrent des négociations avec le duc, et lui firent mille promesses pour le détacher des Anglais.

Jeanne froissée du rôle sans noblesse que ces pourparlers donnaient au roi, en versait des larmes d'indignation : « Noble roi, répétait-elle, pourquoi ne voulez-vous pas me croire ? »

La reine Marie d'Anjou joignait son influence à celle de la Pucelle. Hélas ! ni la tendresse de l'épouse, ni le dévouement de la sujette ne purent triompher de La Trémouille, le mauvais génie du roi.

— Jeanne, répondait Charles aux instances de la Pucelle, vous vous donnez beaucoup de peine pour moi ; j'ai pitié de vous ; reposez-vous.

Ce n'étaient pas seulement la mollesse et l'amour des plaisirs qui rendaient Charles rebelle à l'influence de Jeanne ; il trouvait ses plans de campagne téméraires et dangereux.

Marcher toujours en avant sans donner à l'ennemi le temps de se rallier, appuyer chaque sommation d'une victoire et ne négocier que la lance à la main ; ne se donner ni repos, ni trêve avant d'avoir « *bouté* les Anglais hors de toute France, » effrayait, non le courage, mais l'intelligence du roi. Mieux doué pour l'intrigue et la diplomatie que pour l'action, Charles estimait qu'entrer dans une ville sans coup férir était toujours préférable à l'emporter d'assaut. Cependant l'Archange et les Saintes ordonnaient à Jeanne de marcher sur Paris sans retard ; elle parvint à arracher le roi aux fêtes de Reims et à l'entraîner sur ses pas en d'pit du conseil.

Il partit le 20 juillet, et sa marche vers la capitale ne fut qu'une série de triomphes pacifiques. Laon lui ouvrit ses portes, Soissons se soumit, Château-Thierry, Provins, Coulommiers, et nombre d'autres villes, l'accueillirent avec transport. Le sacre avait fait de Charles le seul roi légitime aux yeux du peuple, et de tous côtés la foule accourait au devant de son souverain, criant « Noël, » chantant le *Te Deum* et pleurant de joie.

— Que voilà un bon peuple ! disait Jeanne émue, comme il se réjouit de l'arrivée de son noble roi ! je voudrais être enterrée en ce pays. »

—Jeanne, demanda Dunois inquiet de l'entendre parler de sa mort, savez-vous quand vous mourrez ? »

— Quand il plaira à Dieu ! répondit-elle avec résignation ; je ne le sais pas plus que vous ! Plût à Dieu mon Créateur, qu'abandonnant les armées, je puisse m'en aller retrouver mon père et ma mère pour garder les brebis avec ma sœur ; ils seraient bien joyeux de me revoir ? »

Depuis cet entretien, elle fut souvent grave et soucieuse, et parla plusieurs fois de traîtres et de trahison. Soit que ses Saintes l'eussent avertie, soit qu'elle se sentît menacée par la malveillance du conseil, de sombres pressentiments agitèrent son âme. L'heure amère des revers et des souffrances n'est pas loin ! Déjà sur la route de Jeanne s'est rencontré l'homme dont la haine impitoyable sera bientôt si fatale à la noble fille. Lorsque le roi arriva devant Beauvais, le comte et évêque de la ville, Pierre Cauchon, refusa d'ouvrir les portes, proclamant que son roi était Henri VI, d'Angleterre mais les bourgeois de Beauvais criant : « Vive le roi Charles ! » accueillirent le monarque français, et le comte-évêque s'enfuit de la ville, jurant de se venger de Jeanne et de Charles. Cet homme tiendra parole !

III

LA DÉFAITE
(Compiègne)

> « Croyez-vous que si je l'en priais, mon Père ne m'enverrait pas aussitôt des légions d'anges ! Mais alors, je ne boirais pas le calice que mon Père m'a préparé. »
> (*Évangile.*)

Jusqu'au sacre, Jeanne a commandé l'armée en chef. Après le sacre, le roi reprend l'autorité, et la Pucelle ne peut gouverner que par conseils et prières. Charles VII dominé par La Trémouille, comble sa libératrice d'égards et de témoignages d'estime, mais ne fait aucun cas de ses avis et commet fautes sur fautes.

— « On ne trouvera pas de paix avec le duc de Bourgogne, si ce n'est par la pointe de la lance », s'est écriée Jeanne lorsque ses efforts pour ramener Philippe à son devoir lui eurent été démontrés inutiles.

Le conseil royal s'obstine à vouloir négocier et obtient enfin du duc la promesse de livrer Paris à Charles VII *sans coup férir*, moyennant une trêve de quinze jours. « Je ne suis pas contente de cette trêve, écrit Jeanne aux bourgeois de Reims, et si je la tiens, ce n'est que pour garder l'honneur du roi... je vous requiers que vous fassiez bon guet et gardiez bien la bonne cité du roi. »

Les quinze jours s'écoulent, la trêve prend fin ; le duc de Bourgogne ne livre pas Paris. Il a joué le roi et son conseil, et durant ces quinze jours de trêve, les Anglais ont eu le temps de se ravitailler.

C'est la lutte suprême pour la puissance anglaise : L'Angleterre a perdu les villes de la Loire et les cités entre Reims et Paris ; Charles VII est sacré, Henri VI ne l'est pas ; la Capitale du royaume est le dernier enjeu à jouer. Si les Anglais s'y maintiennent, ils ont espoir de reconquérir la France ; s'ils la perdent, tout est fini pour eux. Aussi, c'est avec un redoublement de vigilance et d'ardeur que Bedfort consacre tous ses efforts et tous ses soins à la résistance.

N'eût-il en face de lui que Charles VII, il se rirait du danger, mais il craint la Pucelle. En la disant vendue à l'enfer, il tremble d'avoir avec elle à combattre les puissances des ténèbres. Les soldats de Bedfort, hommes superstitieux, perdent tout courage en face de leur surnaturelle ennemie. On trouve dans les chroniques du temps des châtiments sévères édictés contre les soldats anglais qui désertent « par peur des enchantements de la Pucelle. » Et les menaces de leurs chefs suffisent à peine à les retenir.

Charles VII, trompé par le duc Philippe, s'avance vers Paris, mais avec une telle lenteur et de telles hésitations que Jeanne perd patience et dit à Jean d'Alençon :

— Beau duc, faites appareiller vos gens et vos capitaines, je veux aller voir Paris de plus près que je ne l'ai encore vu !

D'Alençon s'empresse d'obéir, et trois jours après le duc et la Pucelle campent à Saint-Denis sous les murs de Paris.

Le roi demeuré à Compiègne apprend avec surprise et mécontentement leur départ subit et celui d'une grande partie de l'armée. Pendant plusieurs jours, il reste sourd à leurs pressants messages ; à la fin, il se décide à les suivre, et l'armée entière est réunie devant la Capitale.

Jeanne n'attendait que l'arrivée du roi pour donner l'assaut. Le combat dura toute la journée et Jeanne s'y montra ardente et infatigable. Comme à Orléans, elle fut blessée, et comme à Orléans, elle voulait qu'on continuât l'attaque.

— « Allez avant ! crie-t-elle à ses capitaines, tandis qu'on la panse, allez avant ! la place est prise ! »

Mais la nuit arrivant, les chefs se lassent et reculent. Jeanne demeurée presque seule les rappelle et presse l'attaque ; elle veut prendre la ville ou mourir là. C'est en vain ! on ordonne la retraite. Jean d'Alençon et Gaucourt entraînent malgré elle l'intrépide Pucelle, la mettent à cheval et la ramènent au camp, tandis qu'affaiblie par sa blessure, elle répète avec désespoir : « La ville était prise ! la ville était prise ! »

Tel fut le premier échec de Jeanne ; les capitaines l'eussent transformé en victoire si, au lieu de se décourager, ils eussent écouté leur vaillante compagne d'armes.

Le lendemain Jeanne revient à la charge. Bien que souffrant de sa blessure, elle commande une nouvelle attaque et veut la conduire elle-même. Le roi s'y oppose et ordonne de lever le camp. Il vient de conclure une seconde trêve avec le duc de Bourgogne qui le berce toujours de l'espoir de lui livrer Paris, « sans coup férir, » c'est là pour le conseil le mot magique.

Philippe supplie le roi de cesser les hostilités, et l'aveugle monarque, déjà trompé une fois par son « bon parent, » se fie à sa parole plutôt qu'aux avis de la Pucelle.

Ordre est donné aux chefs de se retirer vers la Loire ; plusieurs en murmurent, mais il faut obéir. Jeanne refuse obstinément de s'éloigner, disant que ses Saintes lui conseillent de rester, et conjure le roi de le lui permettre. Charles n'écoute rien, Jeanne blessée est emmenée à Gien avec l'armée. « Ah ! dit-elle, sans ma blessure, je ne partirais certes pas ! c'est contre ma volonté que les seigneurs m'emmènent. » Avant de partir, elle suspend dans la basilique de Saint-Denis son armure et son épée, « suivant la coutume des gens de guerre lorsqu'ils sont blessés, et par dévotion parce que Saint-Denis est le cri de France. » Avec cette blanche armure et cette épée victorieuse, Jeanne a déposé aux pieds de Dieu son titre d'invincible.

Le roi, la cour et le conseil semblent prendre à tâche de paralyser tous ses mouvements. Le roi licencie l'armée, les capitaines se retirent dans leurs domaines et leurs garnisons, beaucoup rassemblant une poignée d'hommes résolus continuent de combattre en partisans, mais la grande guerre est finie.

Retenue à la cour, entourée d'honneurs et d'égards, marchant l'égale des hauts barons, Jeanne est condamnée à l'inaction ; et Dieu sait combien l'inaction lui est pénible ! Ne pouvant décider Charles à reprendre la guerre lui-même, elle obtient la permission de rentrer seule en campagne avec quelques troupes (octobre 1430).

Elle assiégea la ville de Saint-Pierre-du-Moutier, et après avoir été repoussée une fois, ramena ses troupes à l'assaut et emporta la ville. Le roi l'envoya devant la Charité-sur-Loire ; faute de secours du conseil royal, elle échoua, et fut rappelée à la cour où les prévenances, les respects, les témoignages d'estime lui furent de nouveau prodigués.

De telles marques de reconnaissance et d'affection coûtaient peu au roi ; mais il avait désormais d'autres projets et d'autres plans que ceux de Jeanne, et la pauvre enfant pleurait amèrement en voyant les conseils de l'Archange et des Saintes méprisés.

Tandis qu'elle languissait ainsi dans cette cour frivole, des nouvelles foudroyantes arrivèrent de Reims. Le duc de Bourgogne jetant le masque avait rompu la trêve et s'était mis à la tête de l'armée anglaise comme lieutenant-général ; les ennemis menaçaient Reims, et la ville du sacre aux abois conjurait le roi de venir à son secours. Le conseil ne prit nul souci de cette requête. Jeanne indignée d'un tel abandon et dévorée d'angoisses, s'échappa de la cour avec son frère Pierre et son fidèle d'Aulon : elle rassembla une petite troupe et, sans prévenir ni consulter le roi, vola au secours de ses bons amis de Reims.

Rencontrant sur sa route la ville de Lagny-sur-Marne, attaquée par des bandes anglaises, elle s'y jeta pour la défendre. Pendant qu'elle se reposait après un combat, des jeunes filles tout éplorées vinrent lui demander de prier avec elles près d'un enfant nouveau-né qu'on ne pouvait baptiser parce qu'on le disait mort. A peine la Pucelle se fut-elle mise en prières que l'enfant ouvrit les yeux et la bouche et donna des signes de vie. On se hâta de le baptiser, et la pauvre mère proclama que ce miracle était dû à l'intercession de Jeanne.

La ville entière le répéta après elle, Jeanne l'ignora. « Je ne m'en enquérais point, » disait-elle plus tard.

En quittant Lagny, la Pucelle apprit que l'armée anglaise, cessant de menacer Reims se portait vers Compiègne. Elle y courut aussitôt. Les Anglais avaient déjà commencé le siège, mais Jeanne parvint à entrer dans la ville avec 300 hommes, le 24 mai 1430. Dès le lendemain « la brave chevalière » fait exécuter une vigoureuse sortie et repousse l'ennemi. Au plus fort du combat une terreur panique s'empare des Français, ils se croient la retraite coupée et se précipitent vers la ville poursuivis par les Anglais. « En avant ! crie Jeanne, ne pensez qu'à frapper ! en avant ! » et elle-même s'élance au plus épais des ennemis. C'est en vain ; l'intrépide jeune fille combat seule, les hommes fuient, l'abandonnant lâchement ; les Anglais l'entourent avec des cris de triomphe ; d'Aulon resté à ses côtés veut l'entraîner en arrière. Il est trop tard ! les portes de la ville viennent de retomber sur les fuyards ; le gouverneur Guillaume de Flavy a sacrifié Jeanne pour préserver sa cité.

Une lutte désespérée s'engage ; les derniers défenseurs de la Pucelle lui font un rempart de leur corps, ils sont impitoyablement massacrés. Le brave Xaintrailles, le fidèle d'Aulon et Pierre d'Arc sont faits prisonniers. Jeanne résiste encore ! « Jeanne, rendez-vous ! » crient les ennemis ; elle se défend, espérant mourir. Les archers bourguignons la saisissent par ses longs habits et la font tomber de cheval : elle est prise ! On l'entraîne devant le seigneur Jean de Luxembourg, comte de Ligny, vassal de Bourgogne, et maître des soldats qui ont capturé la Pucelle.

Vaincue, mais indomptable, Jeanne refuse d'être prisonnière sur parole.

— « J'ai donné ma foi à d'autres que vous, dit-elle à Ligny, et je tiendrai mon serment. »

Le comte la fait enfermer sous bonne garde et dépêche un message à Philippe de Bourgogne. Celui-ci expédie aussitôt des courriers dans toutes les villes soumises aux Anglais pour leur apprendre la grande nouvelle, et accourt au camp, curieux de voir l'illustre captive. L'histoire ne nous a conservé aucun détail sur cette entrevue qui ne dut pas être glorieuse pour Philippe.

Peut-être la fille au grand cœur garda-t-elle un fier silence devant le prince déloyal ; peut-être lui tint-elle le même langage que Bayard mourant à Bourbon rebelle.

— Monseigneur, ce n'est pas moi qu'il faut plaindre, mais vous qui combattez contre votre roi, votre patrie, votre serment. »

Ce fut un long cri de douleur dans les villes françaises lorsqu'elles apprirent la captivité de Jeanne. Plusieurs portèrent un deuil public ; les églises se remplirent du peuple redemandant à Dieu sa libératrice. Les capitaines frémirent de colère ; la cour demeura muette. et si la reine Marie d'Anjou, la constante amie de la Pucelle, pleura sur la généreuse fille, le roi et ses conseillers éprouvèrent peut-être un sentiment de soulagement. L'héroïsme de Jeanne leur pesait.

Les Anglais éclatèrent en transports de joie. « La sorcière » était prise ! et avec elle la fortune de la France. ils allaient reconquérir tout le royaume sans obstacle. Le roi et ses capitaines étaient de pauvres adversaires ! ne les avaient-ils pas vaincus vingt fois ? Jeanne seule avait triomphé de l'Angleterre. La mort l'empêcherait d'en triompher de nouveau ! Si Jeanne fût tombée aux mains de soldats anglais, nul doute que l'exécution n'eût été faite sur place ; mais Jeanne était prisonnière du comte de Ligny qui la logea en son château de Beaurevoir, et la traita avec douceur.

D'après les lois militaires et chevaleresques, un prisonnier de guerre appartenait seulement à l'auteur de sa capture ; on lui devait une captivité honorable ; le mettre à mort eût été « forfaiture, » et il pouvait se racheter, moyennant rançon. Les Anglais tremblaient de voir Jeanne échapper à sa prison et revenir les combattre ; ils proposèrent à Jean de Ligny de lui acheter sa captive.

Le comte ayant refusé, les Anglais ne se découragèrent pas, et mirent en œuvre l'habilité infernale du comte-évêque Cauchon, chassé de Beauvais par Charles VII et Jeanne.

Cet homme, Bourguignon zélé, créature de Bedford qui l'avait fait nommer grand-aumônier de France pour Henri VI, était à la dévotion de l'Angleterre, tant par ressentiment contre Charles VII et la Pucelle, ses vainqueurs, que par esprit de parti et ambition personnelle. Les Anglais lui promirent de le faire archevêque de Rouen s'il les délivrait de leur ennemie. Il accepta avec joie un marché qui servait sa haine et satisfaisait sa cupidité. Jeanne ayant été capturée sur le diocèse de Beauvais, il prétendit avoir juridiction sur elle, et, appuyé du gouvernement anglais et de l'Université de Paris, il réclama la Pucelle à son tribunal comme sorcière. La question devenait plus grave que ne l'avait pensé le comte ; en présence de l'intervention du roi d'Angleterre, la fermeté de Jean de Ligny s'ébranla et il entra en pourparlers avec ses tentateurs.

Pendant qu'on marchandait sa vie et qu'on ternissait son honneur, Jeanne n'avait qu'une seule pensée : aller au secours de Compiègne. En dépit des conseils de ses

Saintes qui lui avaient prédit sa captivité et lui recommandaient de tout prendre en patience, elle tenta deux fois de s'échapper.

La première tentative faillit réussir; à la seconde, elle tomba d'une grande hauteur et demeura étendue à terre sans mouvement et sans connaissance. Revenue à la vie, elle pleura de repentir d'avoir désobéi à ses chères Saintes, et dans son chagrin, refusa de manger durant trois jours. Sainte Marguerite la consola, l'assura du pardon de Dieu, et lui promit que Compiègne ne serait pas prise : « Ne te soucie de ton martyre, lui répétaient les Saintes, tu t'en viendras au royaume du Paradis. »

Jeanne reprit courage, se confiant à Dieu, et espérant secrètement que ses amis de France la délivreraient.

La damoiselle de Luxembourg, tante de Jean de Ligny, et la comtesse, sa femme, s'étaient éprises d'une grande amitié pour la prisonnière, et soutenaient le comte dans sa résistance aux propositions des Anglais. Hélas ! cette résistance faiblissait de jour en jour !

Ligny avait besoin d'argent. Charles VII ne lui offrait rien, Bedford faisait miroiter à ses yeux des sommes immenses : Bedford devait l'emporter. Tant que la damoiselle de Luxembourg vécut, le respect du comte pour sa noble parente, et peut-être la crainte d'en être déshérité, l'empêchèrent de signer le pacte d'infamie. Six mois après la capture de Jeanne, la vénérable femme s'éteignit chargée d'années.

Une semaine n'était pas écoulée depuis sa mort, quand le comte conclut avec Bedford le honteux marché, et vendit Jeanne à ses ennemis pour dix mille livres d'or.

Deux nobles Anglais, les comtes de Warwick et de Strafford, vinrent à Beaurevoir compter à Jean de Ligny le prix du sang.

Bedford avait frappé la Normandie d'un énorme impôt pour se le procurer. L'ayant reçu, Ligny les mena près de la prisonnière :

— Jeanne lui dit-il, comme pris de remords à sa vue, si vous voulez me promettre de ne plus combattre les Anglais, je puis vous racheter d'eux. »

La noble fille recula indignée et le foudroya d'un regard de mépris : « *Vous* ! me racheter capitaine, s'écria-t-elle, *Vous !* vous n'en avez ni le vouloir, ni le pouvoir ! Je sais que ces Anglais (désignant Warwick et Strafford) je sais que ces Anglais me feront mourir ; mais fussent-ils cent mille de plus qu'ils ne sont déjà, ils n'auront pas le royaume de France ! »

En entendant cette prédiction, Strafford exaspéré, tire son épée et s'élance pour en frapper la captive désarmée. Warwick l'arrête : non par pitié, mais parce Jeanne est réservée à un éclatant supplice.

La Pucelle est emmenée par les soldats anglais. Warwick et Strafford la suivent, et Jean de Ligny reste seul en face de sa honte et de l'or des étrangers. Avec Jeanne, il leur a vendu son honneur et désormais la France entière peut lui jeter à la face le nom qui, depuis dix-huit siècles, passe pour la plus terrible des flétrissures : le nom de Judas !

Jeanne ne s'est pas trompée en disant : « Ces Anglais me feront mourir ! » C'est pour la tuer qu'ils l'ont achetée. Au mépris des lois de la guerre et de la chevalerie, l'héroïque enfant va payer ses victoires de sa vie. C'est peu de sa vie, on veut flétrir son nom. On l'accuse de sorcellerie, une mort ignominieuse l'attend ; les triomphes de la France seront proclamés l'œuvre du démon, et le sacre du roi déclaré nul. Tel est le plan de Pierre Cauchon, dont la haine surpasse encore celle des Anglais. Négociateur du marché qui lui livre son ennemie, il sera aussi le chef de ses juges, et la condamnation est déjà prononcée.

La victime est étroitement liée et gardée à vue, tandis qu'on la conduit à Rouen, la ville anglaise par excellence ; elle inspire encore à ses geôliers une crainte instinctive, et se voit traiter moins en criminelle qu'en fléau de Dieu enchaîné.

La mission de Jeanne arrive à son dernier terme. Il a fallu aux hommes un triomphe, elle le leur a donné le jour du sacre ; mais il faut à Dieu une victime innocente qui rachète de son sang la France coupable. Jeanne va s'offrir pour son peuple. Sa tâche envers les hommes est remplie ; désormais, elle n'appartient qu'à Dieu seul. C'est pour lui qu'elle va souffrir, et à lui qu'elle rendra témoignage.

Ce n'est plus seulement l'héroïne française en face des ennemis de son pays, c'est la martyre devant ses bourreaux.

Courage ! fille au grand cœur ! livre ton dernier combat ! sacrifie-toi tout entière ! il le faut pour sauver la France, comme il a fallu que le Fils de Dieu mourût pour sauver le monde !

LIVRE III

JEANNE LA MARTYRE

> « J'ai abandonné mon corps et mon âme pour la défense des lois de mes pères, conjurant le Seigneur de se rendre bientôt favorable à notre nation. »
>
> *(Macchabées.)*

I

LA PRISON
(Rouen)

> « Bienheureux ceux qui pleurent,
> parce qu'ils seront consolés. »

Au fond d'un cachot du château de Rouen, à peine éclairé par d'étroites meurtrières, des soldats anglais gardent une prisonnière de vingt ans. De lourdes chaînes chargent ses pieds et ses mains, et, la nuit, une autre chaîne passée autour de son corps la lie à une grosse poutre garnie d'anneaux de fer. Un grabat et un escabeau sont les seuls meubles qu'on lui accorde pour reposer ses membres fatigués, pendant ses longues journées et ses nuits plus longues encore ! Son visage pâli, ses paupières gonflées de larmes trahissent une indicible douleur et des souffrances sans trêve, mais n'éveillent chez ses gardiens aucun sentiment de pitié.

Ils se souviennent d'avoir fui devant elle dans les batailles et ne peuvent lui pardonner leur terreur. Il n'y a pas de bâillon assez rude pour les lèvres qui ont crié : « Avant, Français ! sus aux Anglais ! » pas de liens trop lourds pour les mains qui ont porté à Reims et à Patay l'étendard fleurdelisé ; l'Angleterre ne respirera qu'après s'être délivrée de cette enfant de la France !

Les geôliers la raillent, la frappent, l'injurient en vulgaires et brutaux soudards qu'ils sont, et la noblesse anglaise, à son éternelle honte, imite la conduite de ces lâches ! Des Anglais de tout rang : seigneurs, capitaines, chevaliers, magistrats, viennent dans la prison de Jeanne, jouir de ses larmes et de sa douleur, l'insulter, la menacer, prodiguer à la France et à son roi les plus outrageantes épithètes.

Rien ne les touche : ni la jeunesse de la captive, ni sa faiblesse, ni son malheur, ni sa gloire passée ; la haine les aveugle au point de leur cacher qu'ils déshonorent leur patrie en faisant d'elle « la nation qui insulte aux vaincus. »

— « Qu'est ceci ? s'écrie avec fureur le puissant Warwick en apprenant que Jeanne est malade ; il ne faut pas que cette femme meure de mort naturelle ! Le roi entend qu'elle soit brûlée vive ! il l'a, parbleu, achetée assez cher pour cela ! »

Mais, en dépit des chaînes, l'âme de Jeanne est demeurée libre. Désarmée, silencieuse, courbée sous les liens, elle a conservé son indomptable énergie, et, en présence d'une insulte à sa foi ou à son pays, elle trouve des accents qui font pâlir ses vainqueurs. « Tu es sorcière ! lui répète-t-on, sorcière damnée ! tu seras traitée comme une païenne. » — « Moi païenne ! sachez que vous mentez ! Je suis une bonne chrétienne, bien baptisée, et je mourrai comme une bonne chrétienne. »

— Qu'oses-tu dire ! fille de l'enfer ! est-il de bons chrétiens en ton pays maudit ? Le roi de France et son clergé sont hérétiques. »

Jeanne se lève frémissante et pourpre d'indignation : — « Sur ma foi ! s'écrie-t-elle avec force, je vous ose jurer que mon roi n'est point tel que vous le dites ! C'est le plus noble prince, et qui aime le mieux la religion et l'Eglise ! »

À ce hardi et solennel démenti donné en face, l'insulteur n'a qu'une réponse : « Soldats ! faites-la taire ! »

C'est la force primant le droit ; mais la force passe, le droit est immortel.

La réclusion est un supplice pour la fille des champs habituée aux travaux de la campagne, pour la guerrière accoutumée au mouvement des combats. Une nourriture insuffisante et grossière laisse sentir les souffrances de la faim à cette Jeanne si sobre et si endurcie à la fatigue. Les railleries, les injures, les coups, sont une torture pour celle que les chevaliers français entouraient de respects. Gardée sans cesse à vue, elle n'a pas un instant de solitude pour pleurer en liberté, et ne peut prier Dieu sans soulever des rires et des sarcasmes. Mais la plus cruelle des épreuves est d'être privée des sacrements ; on lui refuse un prêtre pour la confesser, on lui interdit la communion, on lui défend même d'entrer dans la chapelle du château, lorsqu'elle passe devant la porte pour aller au tribunal. Ses supplications désolées pour qu'on lui permette d'entendre la messe et de recevoir son Seigneur Jésus sont durement repoussées. On espère obtenir ainsi une défaillance, un aveu, une parole contre le roi. On n'obtient que le silence.

Quelles sont les pensées de la captive ?

Quelles images évoque-t-elle dans les ténèbres du cachot ? Ce sont d'abord les figures familières de son pays natal, son père si fier de sa fille, la petite Catherine souriant à sa sœur aînée, ses frères, Hauviette, Mengette, le bon Laxart.... elle leur parle du fond du cœur, mais lorsque sa mère lui apparaît à son tour, la pauvre enfant retombe en pleurant sur sa couche d'insomnie, et appelle à travers ses sanglots ; « ma mère ! ma mère ! »

La prison, les fers, la dureté des geôliers, tout lui semblerait léger si le cœur d'Isabelle Romée était là pour l'aimer, ses bras pour l'entourer et la protéger !

Puis sa vie des camps se déroule devant Jeanne comme un rêve de gloire : Orléans, Reims, Patay, les Anglais en déroute, les pompes du sacre, les transports du peuple, tout cela fut réel pourtant !

Elle a vécu ces jours de triomphe, remporté ces victoires ! Compagnons de ses combats, témoins de ses succès, où êtes-vous ? Vaillant Dunois, brave La Hire, noble Richemont, beau duc d'Alençon, laisserez-vous la Pucelle languir dans les cachots anglais sans férir un coup pour la délivrer ? Roi Charles, n'y a-t-il plus d'or dans votre royaume ? plus de fer dans votre armée ? plus de reconnaissance dans votre cœur ? Sans Jeanne d'Arc, à cette heure, vous ne seriez même plus le roi de Bourges, et l'Angleterre compterait la France parmi ses provinces. Jeanne a le droit d'espérer le secours de son roi. Hélas! elle espère en vain : Charles continue à se taire, et si quelques frères d'armes de Jeanne se souviennent d'elle, ils n'ont ni le pouvoir, ni le crédit qu'il faut pour la sauver. Richemont et La Hire guerroyaient à ce moment en Normandie et menaçaient Rouen de fort près. La capture de La Hire par les Anglais et la mauvaise volonté de la cour envers le connétable empêchèrent ces deux braves de réussir à délivrer Jeanne.

Séparée de sa mère, abandonnée de son roi, que reste-t-il à la fille au grand cœur après avoir tout donné à son pays! Il lui reste Dieu, et Dieu est fidèle. Cette obscure prison est chaque jour honorée de la visite des anges : ni les verrous, ni les grilles, ni les soldats ne les peuvent arrêter, et ces hôtes célestes apportent à leur sœur plus de force, de lumière, de paix que toutes les consolations de la terre. Ils préparent l'âme de Jeanne à la lutte et au sacrifice ; saint Michel et les saintes amènent avec eux l'ange Gabriel qui fortifia l'agonie du Christ, et le messager de la Vierge devient le conseiller de la martyre.

Soutenue par « ses frères du Paradis, » Jeanne est invincible, et parmi tant de douleurs, son âme goûte des joies inconnues à ce monde. En vain Cauchon envoie dans la prison un espion qui se dit, comme Jeanne, victime des Anglais et qui provoque par sa sympathie les confidences de la prisonnière. Jeanne, éclairée par les anges, sait taire à Nicolas Loiseleur les secrets de son Dieu et ceux de son roi, et préfère à ses perfides conseils ceux de ses chères saintes.

Et tandis qu'elle livre ces obscurs, mais glorieux combats, les Anglais et Cauchon s'occupent de composer le tribunal chargé de la condamner. Pierre Cauchon en est le chef; c'est lui dont la haine doit conduire le procès qui le vengera de la France, sa patrie. Il s'adjoint deux hommes infâmes, ses âmes damnées, Jean d'Estivet et Nicolas Loiseleur. Les autres juges sont plus difficiles à recruter. Les Anglais se mettent à l'œuvre : or, terreur, promesses, menaces, corruption, calomnie, fraude, tout est employé. L'Université de Paris, dévouée à Philippe de Bourgogne, envoie plusieurs docteurs : Jean Beaupère, chancelier, Pierre Maurice, recteur, Jacques de Touraine, Nicole Midi, Gérard Feuillet, Thomas de Courcelles.

La Normandie, province anglaise, et refuge des hommes chassés des villes françaises par les victoires de Charles, fournit Gilles, abbé de Fécamp, conseiller du roi d'Angleterre, Nicolas, abbé de Jumièges, Pierre Miget, Raoul Roussel, Nicolas de Venderez, William Haiton. clerc anglais et secrétaire des commandements du roi d'Angleterre.

Voilà le tribunal : peu ou point d'Anglais, mais personne qui n'y soit sous la main des Anglais. Le juge est à leurs ordres, les deux oncles du roi Henri VI, Winchester et Bedford, le surveillent. Il travaille aux frais de l'Angleterre qui le paie exactement et qui n'entend pas être dupe du marché.

Parmi les assesseurs, plusieurs ont cédé à la cupidité,

davantage à la crainte, quelques-uns sont trompés. Il en est qu'il faut menacer de mort. Un courageux docteur, Nicolas de Houppeville, demeure ferme et incorruptible.

— « Ce tribunal est illégal, dit-il, et je n'y siégerai point. Outre qu'il est composé d'ennemis jurés de l'accusée, l'évêque de Beauvais n'a pas qualité pour juger une femme que son supérieur, l'archevêque de Reims, a examinée à Poitiers et déclarée bonne catholique et inspirée du Ciel. La cause a été entendue, le Saint-Siège seul pourrait prononcer autrement. »

— C'est un ami des Français ! » s'écrient les négociateurs furieux, jetons-le à l'eau ! »

Ils saisissent Nicolas de Houppeville pour l'exécuter sur l'heure, mais le docteur parvient à leur échapper et demeure plusieurs jours caché.

Des menaces violentes furent faites à l'huissier Massieu et à frère Isambart de la Pierre, moine dominicain délégué au procès, parce que ces hommes de cœur témoignaient ouvertement leur compassion et leur sympathie à l'accusée. Massieu, chargé de la conduire du tribunal à la prison, lui permettait d'entrer à la chapelle pour y prier.

Jean d'Estivet le sut :

— Misérable ! dit-il à l'huissier, qui t'a rendu si hardi que de laisser cette diablesse approcher du sanctuaire sans la permission des juges ? Si tu prends encore cette licence, je te ferai mettre en une telle tour, que tu ne verras le soleil d'un mois ! »

— « Pourquoi lui défendre le sanctuaire, d'Estivet ?

Je n'ai vu que bien et honneur en la prisonnière. »

Ce fut Cauchon qui répondit : « Massieu, avez-vous envie d'être jeté à la rivière ? »

Frère Isambart eut l'honneur de s'attirer les mêmes paroles ; il ne cessa pas pour cela de donner de sages conseils à Jeanne, à la face des juges, et de répéter à haute voix ses réponses aux greffiers du tribunal, afin qu'elles ne fussent point altérées.

Un autre juge rapporte avoir été dénoncé aux Anglais comme favorisant la Pucelle et s'en être excusé tremblant pour sa vie.

Le greffier Manchon raconte qu'en pleine rue, le comte de Strafford poursuivit l'épée à la main un passant qui avait osé plaindre Jeanne d'Arc ; le malheureux n'échappa qu'en se réfugiant dans une église, asile sacré que les plus hardis n'osaient violer.

Ainsi fut constitué le tribunal ; par l'or anglais sous l'épée anglaise ; des soldats anglais gardent les portes du château et occupent la ville, des chevaliers anglais assistent aux débats, armés de toutes pièces. La sentence est dictée d'avance. Malheur au juge dont la conscience parlerait plus haut que la peur ! il payerait de sa vie ses scrupules ou sa pitié.

Coupable ou innocente, sainte ou sorcière, peu importe ! le crime de Jeanne est d'être Française. Un seigneur anglais le dira naïvement au procès. Frappé du courage et de la candeur de l'accusée, il s'écrie :

— « Mais, c'est une très bonne femme ! si seulement elle était Anglaise ! »

Il a livré d'un mot le secret du tribunal. L'accusation de sorcellerie ou de magie, c'est à dire de commerce avec les démons ne nous apparaît plus de nos jours avec la gravité qu'elle avait au moyen âge. A cette époque le renom de sorcier était le pire qu'on pût avoir. Il entraînait la peine du bûcher si le coupable était condamné par un tribunal régulier; il provoquait des exécutions sommaires de la part du peuple qui avait horreur et terreur de la sorcellerie; il diffamait et flétrissait à jamais la plus pure et la plus honorée des réputations. Les Anglais avaient un instant songé à faire noyer la Pucelle dans la Seine à Rouen sans autre forme de procès; mais cet expédient, en les débarrassant de leur ennemie, lui laissait intacte sa gloire de guerrière et sa renommée de sainte, et faisait de ses meurtriers de vulgaires assassins. Pour rétablir en France l'influence anglaise c'était peu de tuer Jeanne, il fallait la flétrir; il fallait montrer que l'enfer et non le ciel combattait contre l'Angleterre; brûler Jeanne comme sorcière était non seulement une vengeance de l'orgueil anglais humilié, mais une question de domination et d'autorité à ressaisir. Si, contre toute attente, le tribunal acquittait la prisonnière, ses ennemis se réservent de la reprendre et, de fait, ils ne l'ont point remise à ses juges, mais bien conservée sous leur garde. Contrairement à la loi, Jeanne, au lieu des geôliers ordinaires, a pour gardiens des soldats anglais. Il faut qu'elle meure, mais pour satisfaire l'Angleterre, il faut qu'elle meure *légalement* et que la France soit avec elle diffamée et frappée à mort.

En lisant l'histoire, nous voyons souvent les grandes victimes succomber sous un jugement.

Elles ne périssent pas dans les séditions, ni sous le poignard des assassins ; elles tombent sous le coup d'une loi faussée, appliquée par des juges iniques qui se servent de la lettre pour trahir l'esprit.

Bien qu'injuste, le tribunal est régulier, la sentence est légale, quoique non légitime ; l'exécution se fait avec le respect des formes, et le juge lave ses mains avant d'envoyer l'innocent à la mort. Ainsi Caïphe et Pilate ont condamné le Sauveur au nom de la loi juive et romaine, les proconsuls païens ont envoyé les martyrs à l'amphithéâtre en invoquant les décrets impériaux, les shériffs protestants d'Henri VIII et d'Élisabeth d'Angleterre ont supplicié les catholiques en les traitant de rebelles, les comités de salut public de la Révolution ont fait tomber des milliers de têtes en accusant leurs ennemis de conspiration, et Marie Stuart, Charles Ier, Louis XVI, furent jugés avant de monter à l'échafaud.

Nul n'ose s'opposer à la sentence, le crime s'accomplit au nom de la loi et la conscience publique s'endort, se croyant sans reproche. Le moment du réveil est terrible ; malheur au peuple qui laisse sans protester commettre l'iniquité ! il apprend tôt ou tard ce que pèse le sang injustement versé. Les juifs portent encore et porteront jusqu'à la fin du monde la malédiction des déicides, l'empire de Rome s'est écroulé après les persécutions.

L'impitoyable Angleterre ne triomphera pas longtemps de la mort de Jeanne d'Arc.

II

LE PROCÈS

> « On vous persécutera, vous livrant aux synagogues, vous emprisonnant, vous traînant devant les rois, et les gouverneurs à cause de mon nom. Ne soyez pas en peine de ce que vous devez répondre, car je vous donnerai des paroles et une sagesse à quoi tous vos ennemis ne pourront rien opposer. »
> *(Évangile de Saint Marc.)*

Le tribunal est assemblé dans une salle du château de Rouen.

Pierre Cauchon le préside, confiant en son habileté et disant à ceux qui l'entourent : « Nous allons avoir un beau procès. »

Jean d'Estivet et Nicolas Loiseleur sont à ses côtés, le visage rayonnant d'une joie infernale ; les autres juges pâlissant sous le regard des seigneurs anglais, s'efforcent de faire bonne contenance. Le greffier Guillaume Manchon se tient prêt à enregistrer les questions des juges et les réponses de l'accusée.

Il n'y a pas là un homme du parti français ; Jeanne, cette ignorante enfant qui ne sait « ni A, ni B » n'a ni conseil, ni avocat : C'est contre la légalité, mais peu importe ! On espère que réduite à se défendre seule, la prisonnière faiblira, se contredira, se laissera intimider. Cet espoir sera déçu.

Les réponses de cette jeune fille de vingt ans, arrachée pour quelques heures d'audience aux ténèbres et aux tortures de son cachot, exténuée par la faim et l'insomnie, étourdie par les questions confuses de ses ennemis, seront admirables de foi, de clarté, d'intelligence, de courage (1). » Ses frères du Paradis l'entourent et la soutiennent, en dépit des juges, en dépit des Anglais, en dépit de Satan !

Les gardes amènent l'accusée ; elle paraît, pâlie, amaigrie, ployant sous ses chaînes, mais portant haut son front noble et pur, et regardant ses ennemis en face.

— « Je viens de la part de Dieu, dit-elle, et je n'ai rien à faire ici. Renvoyez-moi à Dieu, d'où je suis venue. »

Cauchon veut l'interrompre ; elle lui impose silence d'un regard et d'un geste.

— « Vous vous dites mon juge, évêque de Beauvais, prenez garde à ce que vous faites ! Je suis envoyée de Dieu, et en me jugeant, vous mettez votre âme en grand danger ! » Puis se tournant vers War-

---

(1) — Henri Perreyve. — Panégyrique.

wick et les Anglais. « Avant que sept ans soient écoulés, les Anglais perdront une plus grande ville qu'Orléans et les Français gagneront une plus grande victoire ! »

Un instant stupéfaits de ce langage écrasant, et de la fierté de l'accusée, les Anglais éclatent en menaces :

— « Qu'en sais-tu ? » lui crie-t-on de tous côtés.

— Je le sais par sainte Marguerite et sainte Catherine.

— Vos saintes haïssent-elles donc les Anglais ?

— Elles aiment ce que Notre-Seigneur aime et haïssent ce qu'il hait.

— Donc, suivant vous, Notre-Seigneur hait les Anglais ?

— « En vérité, de l'amour ou de la haine qu'il a pour les Anglais, je ne sais rien. Mais ce que je sais (et je voudrais que mon roi le sût, car il en serait joyeux) c'est que tous seront jetés hors de France, sauf ceux qui y périront. »

Cette prédiction soulève une tempête parmi les chevaliers anglais ; ils tourmentent leurs longues épées, mille voix protestent et menacent, les juges troublés s'agitent sur leurs sièges.

Jeanne seule reste calme, sans rien craindre, ni rien braver. Prédire le triomphe de son pays, c'est se vouer à la mort, elle le sait et n'hésite pas. Les Anglais la tueront, mais la France aura été glorifiée en face de ses envahisseurs.

Cauchon réclame le silence et commence l'interrogatoire. Il demande à Jeanne ses nom et prénoms, et la somme de prêter serment de dire la vérité en tout.

Jeanne jure volontiers d'être véridique, mais refuse de

s'engager à répondre à toutes les questions, et Cauchon doit céder. Il interroge Jeanne sur son enfance, sur les divers actes de sa vie; elle répond sans embarras, et lorsqu'il la croit hors de défiance, il aborde le terrain de la magie, il lui parle de l'arbre aux Fées, des superstitions de la Lorraine, des anneaux que Jeanne portait au doigt et dans lesquels il veut voir des talismans.

— « Les Fées, répond Jeanne, je ne sais ce que c'est; je n'ai jamais pratiqué de superstitions ; quant aux anneaux, ils viennent de mes parents. »

— « Mais ne fondiez-vous pas grande confiance en votre étendard ? »

— « Ma confiance était fondée en Notre-Seigneur, et non ailleurs. »

Cauchon insiste :

— « N'a-t-on pas fait des étendards à la ressemblance du vôtre, et ne disiez-vous pas qu'il portait bonheur ? »

— « Non, je disais à mes gens : « Entrez hardiment parmi les Anglais, et j'y entrais moi-même. »

Les Anglais frémissent et murmurent ; ils ne veulent pas avoir été vaincus par des moyens naturels, et cet aveu simple et fier blesse leur orgueil ! Cauchon reprend, avec sévérité :

— « Pourquoi donc, alors, portiez-vous votre étendard au sacre ? »

Au mot de sacre, la Pucelle oublie le tribunal ; elle revoit la glorieuse journée de Reims, un éclair jaillit de ses yeux, et, relevant la tête, elle s'écrie d'une voix vibrante :

— « Mon étendard avait été à la peine ! c'était raison qu'il fût à l'honneur ! »

Ce noble cri trouve un écho parmi l'assistance et les bourreaux applaudissent un instant à leur victime.

Se hâtant d'abandonner le terrain des souvenirs de victoire, Cauchon se rejeta sur les visions où il espérait trouver matière à sorcellerie. Durant plusieurs séances Jeanne fut questionnée longuement, minutieusement sur les apparitions des Anges. Il lui faut dire comment saint Michel est vêtu, si les saintes ont la voix douce ; la longueur de leur chevelure, la couleur de leurs vêtements, comment elles diffèrent entre elles, etc. Jeanne répond comme jadis à Poitiers, sans varier, sans se démentir, et plus d'une question puérile ou inconvenante provoque une saillie dédaigneuse et spirituelle.

— « Beaux seigneurs, dit-elle quand tous les assesseurs l'interrogent à la fois, faites-l'un après l'autre, je vous prie. »

Elle affirma ses visions avec une énergie qui ne laissait point place au doute : « J'ai vu les Anges et les Saintes comme je vous vois, messires, et je crois que ce sont eux, aussi fermement que Dieu est. »

— « Vos saintes parlent-elles anglais ? » demanda un des juges.

— « Pourquoi le parleraient-elles, puisqu'elles ne sont pas du parti anglais ? »

Cette réponse naïve déplut fort à l'assistance et rendit les apparitions suspectes au tribunal. Les plus zélés docteurs déclarèrent une hérésie d'attribuer aux esprits célestes de l'inimitié contre une nation aussi catholique que l'Angleterre.

7

— « Ce sont mauvais esprits qui vous parlent, » dirent-ils à Jeanne avec colère.

— « Je crois fermement, aussi fermement que je crois la foi chrétienne que cette voix vient de Dieu. »

Cauchon chercha dès lors tous les moyens de prendre Jeanne en faute et de prouver ainsi que ses voix étaient de Satan. La vie pure et angélique de la Pucelle ne laissait nulle prise à la médisance sur sa conduite féminine, le juge aborda d'autres questions captieuses et difficiles. Il accusa Jeanne d'homicide et de cruauté.

— « Je n'ai jamais versé le sang, dit-elle, je portais mon étendard au lieu d'épée pour ne tuer personne, et je n'ai jamais tué personne. »

— « Avez-vous été en endroits où des Anglais fussent tués ? »

— « Si j'y ai été ! riposta la guerrière non sans quelque ironie, si, j'y ai été ! Mon Dieu ! comme vous parlez doucement ! Pourquoi ne voulaient-ils pas se retirer de France et retourner dans leur pays ? Je faisais toujours proposer la paix ; ils n'en voulaient. La paix qu'il faut avec eux, c'est qu'ils s'en aillent tous hors de France, et avant longtemps ils s'en apercevront. »

— « Il est contre les préceptes divins, lui dit-on, qu'une femme prenne empire sur les hommes et soit chef de guerre. »

— « Si j'étais chef de guerre, c'était pour battre les Anglais. »

— « Une femme doit demeurer à faire les œuvres de femme. »

— « Je n'ai rien fait que par ordre de Dieu ; quant aux

œuvres de femme, ajouta-t-elle (avec un léger sourire et ce bon sens français qu'elle ne perdait jamais,) il y avait assez d'autres femmes pour les faire. »

On lui fit un crime d'avoir pris des habits d'homme et de ne vouloir les quitter.

— « C'est petite chose que l'habit ; je l'ai pris sur l'ordre de Dieu et avec l'autorisation des docteurs de Poitiers. Puisque je devais aller en guerre, il fallait bien me vêtir en soldat. Je le quitterai si vous voulez mettre une femme avec moi, sinon, je le garderai. »

Les juges feignirent de ne pas comprendre que son habit militaire était pour elle une protection contre ses misérables gardiens, ils la pressèrent sur ce point mais n'en obtinrent rien.

Cauchon la blâma sévèrement d'être partie sans la permission de ses parents : « On doit honorer père et mère. »

— « Mes parents m'ont pardonné ; d'ailleurs, j'ai obéi à Dieu ; quand j'aurais eu cent pères et cent mères et que j'eusse été fille de roi, je serais partie. »

— Vous vous dites envoyée de Dieu, mais ceux de votre parti le croient-ils ?

— « Je ne sais s'ils le croient ; je m'en rapporte à leur cœur, mais s'ils le croient, ils ne se trompent pas. »

— « Qu'avez-vous demandé à vos voix pour récompense ? »

— « Rien que le salut de mon âme. »

Cette fois, Cauchon croit avoir trouvé un piège ; il pose à Jeanne une question terrible :

— « Etes-vous en état de grâce ? »

Si elle répond : « oui, » il l'accusera d'orgueil ; répondre non, c'est avouer qu'elle est en péché mortel et sous le pouvoir du démon. Révolté de cette perfidie, un des juges s'écrie : « L'accusée n'est pas tenue de répondre ! »

Cauchon lui impose grossièrement silence.

— « Taisez-vous ! de par le diable ! — Jeanne, répondez, êtes-vous en état de grâce ? »

Les juges murmurent, leur conscience se réveille, l'accusée dit avec douceur :

— « Si je ne suis point en état de grâce, Dieu veuille m'y mettre ; si j'y suis, Dieu veuille m'y maintenir. Je serais la plus malheureuse du monde si je me savais en la disgrâce de Dieu. »

Cette fois, le tribunal entier s'écrie comme jadis celui de Poitiers : « Bien répondu, Jeanne. »

Cauchon exaspéré par la résistance inattendue et les victorieuses répliques de son ennemie ne garda plus aucun ménagement. Chacune des actions et des paroles de la vie passée de la Pucelle fut interprétée à mal : le fait d'avoir mis « Jhesus-Maria, » sur son étendard et en tête de ses lettres lui fut reproché comme un sacrilège. Sa tentative d'évasion du castel de Beaurevoir devint une tentative de suicide ; sa persistance à affirmer ses visions, une audace d'hérétique. L'accusation prétendit qu'elle se faisait adorer par le peuple, ce qui était abominable idolâtrie, et en donna pour preuve qu'elle laissait baiser ses mains et ses vêtements par les pauvres gens.

— « Je m'en défendais tant que je pouvais, répondit la jeune fille à ce reproche dérisoire, mais les pauvres gens venaient volontiers vers moi parce que je ne leur faisais point de mal et que je les soutenais de tout mon pouvoir. »

Ces touchantes et simples paroles émurent plusieurs assesseurs; beaucoup d'entre eux, arrivés au procès avec leurs préventions de Bourguignons contre une femme qu'on leur disait sorcière et impie, furent désarmés par la candeur et la bonne foi de l'accusée. Des doutes s'élevèrent en leur esprit sur sa culpabilité et Cauchon ne trouva plus en eux que des auxiliaires hésitants, tièdes, voire même récalcitrants. L'auditoire, jadis hostile à Jeanne, se laissait aussi gagner par la compassion et le sentiment de la justice. Cauchon s'en inquiéta. Jusque-là ses attaques avaient été vaines ; on n'avait trouvé que : « bien et honneur en la prisonnière. » Un docteur, chargé d'une enquête à Domremy sur les antécédents de la Pucelle rapportait « n'avoir rien entendu dire sur son compte qu'il n'eût voulu entendre de sa propre sœur. » Il fallait à tout prix couper court à ce mouvement de l'opinion, à cette sympathie naissante pour la Française. Jeanne devait être brûlée : « Le roi d'Angleterre l'avait, parbleu ! payée assez cher pour cela ! » il ne s'agissait pas de justice, mais de vengeance. Cauchon s'avisa d'un expédient infaillible ; sous prétexte « de ne pas fatiguer les assesseurs, » il décida que Jeanne serait désormais interrogée *dans sa prison* par cinq ou six juges seulement, et il eut soin de les choisir. Désormais à l'abri des attendrissements de la foule et des scrupules de ses collègues, Cauchon put mettre à exécution un plan ouvertement déloyal.

Tourmenter la captive, lui arracher par ruse ou par terreur des réponses imprudentes que les scribes anglais sauront encore défigurer, recourir à toutes les faussetés, les supercheries, les falsifications, les dénis de droit commun, telle sera la tâche de ces hommes sans honneur et sans pitié.

« Les juges, rapporte le greffier Manchon, me voulurent plusieurs fois contraindre de changer le sens des paroles de l'accusée ; Pierre Cauchon et quelques autres voulaient me forcer à écrire *selon leur imagination* ; deux scribes anglais étaient placés dans une fenêtre et écrivaient ce qui était à la charge de Jeanne sans rapporter ses excuses ; quand les réponses de l'accusée ne plaisaient pas aux juges ils me défendaient de les écrire, disant que c'était inutile au procès. »

La fermeté de Jeanne ne se dément pas plus dans ce guet-apens que dans la lutte en public. En vain lui fait-on subir une véritable persécution au sujet du secret qu'elle a révélé au roi comme signe de sa mission, elle répond obstinément :

— « Passez outre ! cela n'est pas de votre procès ! »

— « Mais le roi a-t-il eu aussi des visions ? »

— « Allez-le lui demander ! »

Le débat s'engage de nouveau sur les visions ; Cauchon soutient que Jeanne a évoqué des démons ; elle le nie opiniâtrement et se déclare solennellement envoyée de Dieu :

— De tout ce que j'ai fait, je m'en attends à Dieu

mon Créateur, c'est par son ordre que j'ai agi, et je l'aime de tout mon cœur. »

Cauchon persiste, et la voyant résolue à ne point se démentir, il l'accuse d'être en révolte contre l'Eglise puisqu'elle refuse de se soumettre à lui, homme d'Eglise.

— « Si vous êtes chrétienne, Jeanne, il faut écouter l'Eglise ; si elle vous dit que vos voix sont diaboliques, vos visions illusoires et mensongères, vous le devez croire. »

Le piège tendu était subtil et terrible. Cauchon plaçait sa victime entre une apostasie de sa mission qui ne l'eût point sauvée et une déclaration de résistance à l'autorité de l'Eglise. Il lui fallait s'avouer ou sorcière ou hérétique. Dans les deux cas, c'était la mort pour Jeanne et le déshonneur pour la France. La Pucelle répondit simplement :

— « Je m'en rapporte à Notre-Seigneur qui m'a envoyée, à Notre-Dame, à tous les saints et saintes du Paradis, c'est tout un, à mon avis que Notre-Seigneur et l'Eglise, pourquoi faites-vous difficulté que ce soit tout un, messire ? »

— « Il ne s'agit pas de cela, dit le juge, évitant de répondre, vous devez vous soumettre à ceux qui ont autorité en l'Eglise. »

— « Qu'on fasse donc examiner mes réponses par des clercs, et s'il y a quelque chose contre la foi chrétienne, je ne le voudrais soutenir, car je serais bien chagrine d'aller contre la foi chrétienne. »

Devant cette soumission et cette humble docilité,

Cauchon frémit de crainte. Jeanne examinée par d'autres que par lui échappait à sa haine. Il savait bien, le juge déloyal, qu'il n'y avait rien en ses réponses contre la foi chrétienne. » L'Eglise a de tout temps admis la possibilité des visions et des révélations surnaturelles ; l'Ecriture et la Vie des Saints en sont remplies. Les affirmations de Jeanne étaient donc parfaitement conformes à la foi catholique. Il plaisait à Cauchon, dans le cas particulier de Jeanne d'Arc, de qualifier ses visions d'infernales ; elle avait tout droit de soutenir le contraire. La discussion portait sur un fait personnel, nullement sur une question de foi. En outre, Cauchon n'avait point qualité pour parler au nom de l'Eglise. L'archevêque de Reims, son supérieur, proclamait naguère, à Poitiers, que Jeanne était « bonne et fervente catholique » et reconnaissait l'origine céleste de ses visions. Son autorité valait bien celle de Pierre Cauchon, ennemi capital de l'accusée. Oser dire « l'Eglise, c'est moi, » était de la part de l'évêque de Beauvais un mensonge et une sorte d'usurpation de l'autorité du Saint-Siège. Ce qu'il y a de plus douloureux dans ce triste procès, est peut-être le spectacle de cette trahison envers l'Eglise et de cet abus de son nom pour opprimer une victime innocente.

— « J'aime l'Eglise, continua Jeanne avec ferveur, et je voudrais soutenir de tout mon pouvoir la foi chrétienne. Certes, ce n'est pas moi qu'on devait empêcher d'aller à l'Eglise et d'entendre la messe... Quant aux bonnes œuvres que j'ai faites, je m'en rapporte à Dieu qui m'a envoyée vers Charles, fils de France, qui sera roi de France, et vous verrez que les Français auront bientôt un grand avantage, au point qu'il se fera une étrange secousse dans le royaume de France. Je le dis afin que lorsque ce sera arrivé on se souvienne que je l'ai dit. »

— « Quand cela arrivera-t-il ? » demanda vivement un juge inquiet malgré lui.

— « Je m'en rapporte à Notre-Seigneur. »

Irrité de l'entendre prophétiser les victoires françaises, Cauchon reprit durement l'interrogatoire.

— « Vous parlez sans cesse de Notre-Seigneur ; ne croyez-vous pas que vous soyez sujette de l'Eglise qui est sur terre, c'est à savoir à notre Saint Père le Pape, aux cardinaux, archevêques, évêques et autres prélats ? Pensez-vous n'être pas soumise à l'Eglise ? »

Cauchon insistant pour représenter l'Eglise fait l'effet de Judas voulant parler au nom du Christ. Jeanne n'y est pas trompée.

— « Je requiers, dit-elle, qu'on me conduise devant notre Saint Père le Pape qui est à Rome, et au Concile qui est assemblé à Bâle ; je répondrai devant eux tout ce que devrai répondre, et je me soumettrai à eux. »

La foudre tombant au milieu des juges ne les aurait pas plus atterrés que cet appel au Pape. Jeanne s'est soustraite à leur autorité ; leur devoir est de suspendre immédiatement toute procédure, et de faire conduire la prisonnière à Rome, ou du moins d'y envoyer les pièces du procès et d'attendre la décision du Saint-Siège. Tout droit à juger la Pucelle leur est enlevé désormais. Ils se regardent, hésitants, effrayés. Cauchon passe outre. Déjà en contradiction avec le jugement rendu [à] Poitiers par l'archevêque de Reims, son métropolitai[n,] il se dérobera encore à l'autorité du Pape et du Concil[e.] Il est seul avec ses complices et sa victime, certain [de] n'être pas dénoncé, et répond avec colère à l'accusée [:]

— « On ne peut pas aller chercher notre saint Père [le] Pape si loin. »

Le greffier Manchon transcrivait l'appel ; Caucho[n] l'arrête et lui défend « de par le diable ! » d'enregistrer les paroles de la Pucelle.

Manchon obéit, l'iniquité est consommée. L'infa[]mie de leur chef fait monter le rouge de la honte [au] front des juges ; mais la peur parle plus haut que le d[e]voir ; ces Pilates se taisent et n'opposent qu'un lâch[e] silence à la douloureuse protestation de leur victim[e.]

— « Ah, messires ! vous écrivez ce qui est contre mo[i] et vous ne voulez pas écrire ce qui est pour moi ! »

Après cette scène, il faut en finir ; les juges eu[x-]mêmes ne sont plus sûrs. Décidés à condamner [la] Pucelle, ils ne le sont pas à entrer en rébellion contre [le] Saint-Siège. Un second appel au Pape fait en public je[t]terait Cauchon dans le plus grand embarras. Il cess[e] d'interroger sa victime, pour la menacer.

— « Tu renieras tes visions, Jeanne, ou tu ser[as] brûlée. »

— « Quand je verrais le bûcher allumé, je ne dira[is] autre chose que ce que j'ai dit et je le soutiendrais [au] milieu du feu. *C'est Dieu qui m'a envoyée.* »

L'appareil de la torture est déployé sous les yeu[x] de la Pucelle : elle demeure inébranlable.

On juge inutile de faire subir la question à une femme aussi courageuse, et sans chercher d'autres preuves, ni d'autres aveux, on s'occupe de la déclarer coupable.

Les juges qui n'ont pas assisté aux interrogatoires de la prison sont appelés à prononcer.

Cauchon accuse la Pucelle de soutenir des révélations déclarées par le tribunal « diaboliques et mensongères », de ne vouloir se soumettre à l'Eglise, de porter des habits d'homme, et d'avoir répandu le sang.

Jeanne a déclaré n'avoir jamais tué personne, et ce n'est pas la moindre de ses gloires : les habits d'homme étaient sa sauvegarde. Quant à la soumission à l'Eglise elle se montrait, certes, meilleure catholique que ses juges en déclarant s'en rapporter « à Dieu et à notre saint Père le Pape » auquel elle requérait sans cesse d'être menée.

Parmi les juges, trois refusent de se prononcer ; plusieurs déclarent Jeanne coupable, avec cette réserve « *à moins* que ses révélations ne viennent de Dieu.... *à moins* qu'elle ne porte des habits d'homme par nécessité. » Quelques autres n'ayant pas suivi le procès entier, s'en rapportent à la décision des théologiens.

Raoul Sauvage, un des plus savants, conseille de déférer le jugement définitif au Saint Siège : « Pour l'honneur du roi d'Angleterre, le vôtre, et pour la paix des consciences. »

Cauchon, mécontent de la timidité des docteurs, envoie consulter l'Evêque d'Avranches, Jean de Saint-Avit, vénérable vieillard âgé de 80 ans. Celui-ci se montre indigné de la façon dont on a conduit procès, et déclare que dans les choses douteuses o doit recourir au Pape et au concile.

Là-dessus, Jean d'Estivet accable d'injures le vi évêque, et peu de temps après, les Anglais le jettent e prison « pour trop aimer les Français. »

Lorsqu'on lui transmit la réponse de Jean de Saint Avit, Pierre Cauchon défendit de la transcrire dans le pièces du procès.

Aller en cour de Rome, c'était faire acquitter sa pri sonnière ; refuser de tenir compte du double avis d l'évêque d'Avranches et de Raoul Sauvage, et de l'appe de Jeanne, était un acte d'insoumission, pour ne pa dire de révolte, vis à vis du Saint Siège. Cauchon pré féra cette alternative à la première, et sa haine à l'Eglise

L'Université de Paris, composée de Bourguignons fut consultée et rendit un avis tel que Cauchon pouvai le souhaiter.

Jeanne sommée de se soumettre à l'Université « lumière de toutes les sciences », répéta son appel au Pape que personne ne voulait entendre ni transmettre.

La loi ne permettait de brûler une sorcière qu'après une rechute dans la sorcellerie; sa première faute n'était punie que de la prison. Pour condamner Jeanne à mort, il fallait donc lui arracher une abjuration, puis constater qu'elle était retombée dans ses « coupables pratiques, et ses relations avec l'enfer. » Or, Jeanne résistait à tout. De guerre lasse, on eut recours à une indigne supercherie. Dans une séance solennelle et publique, au cimetière Saint-Ouen, on obtint d'elle, avec beaucoup de peine, de signer un acte qu'on lui dit être une soumission à l'Église et une promesse de ne plus porter d'habits d'homme. Et comme la pauvre enfant ne savait pas lire, il fut facile de substituer à cet acte, et de présenter à sa signature, un écrit où elle déclarait ses visions mensongères et diaboliques, s'avouait coupable de sorcellerie, d'idolâtrie, de cruauté et d'hérésie, « lesquels crimes et erreurs elle abjurait, se soumettant à la correction des juges et promettant de n'y plus retomber. »

Après quoi, on la condamna à la prison perpétuelle, « au pain de douleur et à l'eau d'angoisse, » lui défendant de reprendre ses habits de soldat sous peine de mort. Warwick, croyant qu'elle échappait au supplice, vint en faire des reproches à Cauchon, disant que « cela allait mal pour le roi. »

— Soyez tranquille, Mylord, dit le comte de Beauvais, nous la retrouverons, » et le lendemain, il la retrouve. Durant la nuit, les gardiens agissant par ordre, avaient enlevé à Jeanne ses habits de femme et, le matin venu, ne lui avaient donné que son pourpoint militaire ; après les avoir suppliés de lui rendre « ses robes, » elle fut contrainte de se couvrir du seul habit qu'on lui laissât, et ses ennemis s'écrièrent : « Elle est prise ! elle est prise ! »

Cauchon, prévenu par ses espions, accourt à la prison. Jeanne déclare énergiquement que ses voix l'ont instruite ; elle ne sait ce qu'on lui a fait signer la veille, mais si elle a dit quelque chose contre sa mission, elle le dément.

— « Je me damnerais si je disais que Dieu ne m'a pas envoyée, car c'est la vérité que Dieu m'a envoyée ; j'aime mieux mourir que de renier ma mission. Le royaume de France est au roi Charles et tous les Anglais seront jetés dehors. »

— « Réponse mortelle ! » écrit le greffier Manchon en marge de cette parole.

Il dit vrai : le refus de renier sa mission est pour Jeanne le refus du martyr d'offrir l'encens aux idoles : elle a désobéi à ses tyrans, affirmé la vérité malgré leur fureur. « La Française au bûcher ! » on est las de lutter contre elle, et le roi d'Angleterre a payé d'avance son supplice.

Le jour même, le tribunal assemblé déclare Jeanne « sorcière, relapse, invocatrice de diables, abuseresse du peuple, » la condamne à être brûlée vive et fixe le supplice au lendemain.

Les Anglais sont au comble de la joie ; plusieurs d'entre eux font vœu de mettre un fagot « au bûcher de la Pucelle. » Leurs soldats ont trouvé le procès singulièrement long et il y aurait danger pour les juges à différer l'exécution.

Un docteur ayant parlé de demander à Jeanne « quel était son vrai motif pour avoir repris ses habits d'homme » est menacé et maltraité par les hommes d'armes ; et les clercs qui l'accompagnent s'enfuient poursuivis par les cris de « traitres ! » et « d'Armagnacs, » (nom qui désignait les partisans de Charles VII).

Hâtez-vous, Anglais ! « La Française au bûcher ! » L'Angleterre à la honte !

III

LA MORT

> « Où la conduisez-vous ? »
> A la mort.
> A la gloire ! »
> (CORNEILLE.)

Le matin du mercredi, 30 mai 1431, Jeanne vit entrer dans sa prison le bon huissier Massieu, pâle et troublé.

— « Jeanne, dit-il d'une voix tremblante, à huit heures, il vous faudra comparaître devant les juges sur la place du Vieux-Marché pour entendre votre sentence de mort et être livrée au bourreau. »

Jeanne, qui n'avait été informée de rien, se redressa avec un cri déchirant. Massieu ne pouvant en supporter davantage s'enfuit hors de la prison, maudissant en son cœur Cauchon et les Anglais.

Pendant quelques instants Jeanne se répéta, sans pouvoir le croire, qu'elle allait mourir dans deux heures, et de quelle mort ! lentement, au milieu des flammes, brûlée vive à la vue de tout le peuple, condamnée comme « sorcière et diablesse, » calomniée, injuriée, laissant une mémoire déshonorée !

Les Anglais triomphaient ; les victoires françaises seraient déclarées « diaboliques. » Le roi serait accusé d'avoir accepté l'aide de Satan. Le peuple français s'entendrait dire qu'il avait été abusé par une femme artificieuse et vendue à l'enfer ; et quelle voix s'éleverait pour défendre la Pucelle ? Qui vengerait sa mémoire ? Qui proclamerait sa foi intacte et son honneur sans tache ? Elle pensa à la douleur et à l'humiliation qui allaient frapper ses vieux parents, en apprenant la condamnation de la fille dont ils étaient si justement fiers ; elle vit ses compagnons d'armes rougissant d'avoir combattu à ses côtés ; et cachant son visage entre ses mains, elle éclata en sanglots.

— « Hélas ! hélas ! s'écria-t-elle d'une voix entrecoupée, peut-on me traiter si cruellement ? quoi ! mon corps entier sera aujourd'hui consumé, réduit en cendres ; ah ! j'aimerais mieux être décapitée sept fois que d'être ainsi brûlée ! »

Elle s'arrêta, saisie d'angoisse et frissonnant d'épouvante à la pensée du bûcher. Sa nature jeune, vivante, énergique, se soulevait d'horreur aux approches de cette terrible mort ; et levant les yeux et les mains au ciel :

— « Ah ! dit-elle, j'en appelle à Dieu, le grand juge, de tous les torts et « ingravances » qu'on me fait ! »

Le frère Martin Ladvenu, religieux dominicain envoyé pour préparer la condamnée à la mort, ne put retenir ses larmes, et ce fut en pleurant de pitié e d'indignation qu'il essaya de consoler Jeanne, lui parlant du Ciel et de la miséricorde divine.

Elle l'écoutait attentivement et reprenait un peu de calme, lorsque Cauchon entra ; il venait pour tenter un dernier effort sur l'âme abattue de la captive, et obtenir qu'elle reniât ses Saintes, ou accusât son roi.

— « Je meurs par vous, lui dit Jeanne, le regard étincelant ; je meurs par vous, et j'en appelle de vous devant Dieu ! »

Cauchon dut se retirer, emportant cette parole pour unique prix de ses perfidies.

Jeanne, restée seule avec Ladvenu, se confessa deux fois à lui avec une grande humilité, et demanda en grâce qu'on lui permît de communier. Massieu fut envoyé vers Cauchon pour prendre ses ordres à ce sujet.

— « J'accorde la permission, répondit Cauchon avec insouciance, donnez-lui tout ce qu'elle demandera. »

N'ayant plus rien à redouter de sa victime et certain de sa mort, peu lui importait qu'elle puisât dans les sacrements la force qu'il lui avait interdit d'y chercher pendant le procès.

Ladvenu courut à l'église chercher la sainte Hostie et l'apporta en grande pompe, suivi du clergé, qui tenait des cierges allumés et chantait les litanies. Le bon moine disait au peuple qui s'agenouillait sur son passage : « Priez pour elle ! » et la foule attendrie le lui promettait.

Jeanne reçut son Dieu avec une foi et un amour qui transportèrent d'admiration les assistants ; après avoir communié, elle demeura longtemps à genoux, absorbée dans une intime union avec son Seigneur, écoutant les voix consolatrices de ses frères du Paradis, venus pour l'assister et la soutenir ; elle pleurait encore, mais ses larmes coulaient paisibles et résignées, son grand cœur s'immolait tout entier, offrant à Dieu sa vie et son bonheur pour le salut de la France ; et quand elle se releva calme et forte, le dernier sacrifice était accompli ;

Jeanne pouvait désormais marcher au bûcher sans craindre de défaillir.

A neuf heures on vint la prévenir que le chariot fatal était arrivé : « Ah ! maître Pierre, dit-elle à un docteur en théologie resté près d'elle avec Ladvenu et Isambart de la Pierre, où serai-je ce soir ? »

— « N'avez-vous pas confiance en Dieu, ma fille ? » répondit-il tout ému.

— « Oh ! oui ! dit Jeanne avec ferveur, j'en ai la confiance, je serai ce soir au royaume du Paradis. »

Elle quitta d'un pas ferme cette prison où elle avait tant souffert, et prit place dans le chariot ; le bourreau s'y trouvait d'avance et se tint debout derrière la condamnée ; Ladvenu et Massieu s'assirent aux côtés de Jeanne, ne cessant de l'encourager et de prier avec elle.

Cent vingt soldats entouraient le chariot et repoussaient le peuple qui se précipitait partout sur le passage de la Pucelle. Les Anglais craignaient encore que leur victime n'échappât à leur vengeance.

Le sinistre cortège s'avance lentement à travers la foule ; Jeanne prie tout bas pour la France, pour son roi, pour tous ceux qu'elle a aimés et auxquels elle dit au fond du cœur un suprême adieu. Sa jeunesse, son visage noble et doux, amaigri par la souffrance, sa contenance recueillie et son regard qui ne cherche plus que le ciel, émeuvent les plus indifférents. On murmure des paroles de pitié et plus d'un bourgeois de Rouen se prend à détester le joug anglais.

Soudain, un mouvement se produit dans l'escorte ; un homme, l'œil hagard, les cheveux en désordre, se fraye un passage à travers les soldats, s'élance sur la charette et s'y cramponne désespérément, criant : « Pardon ! Jeanne ! pardon ! » C'est le misérable Loiseleur, l'espion de Cauchon, tardivement saisi par le remords. Les soldats anglais furieux le repoussent, le menacent, le frappent, et sans l'intervention de Warwick, ils l'eussent tué.

Loiseleur s'enfuit éperdu, et le cortège reprend sa marche.

La place du Vieux-Marché, où devait avoir lieu le supplice, s'offre enfin aux regards de Jeanne.

Quatre échafauds y ont été dressés : trois sont des estrades sur lesquelles siègent les juges, entourés de chevaliers anglais. Le quatrième est le bûcher.

Il est d'une hauteur effrayante ; les fagots s'entassent sur une assise en maçonnerie, qui supporte un poteau très élevé. Au sommet du poteau un écriteau cloué porte ces mots :

« Jeanne dite la Pucelle, idolâtre, cruelle, invocatrice de diables, apostaste, menteresse et abuseresse du peuple. »

Chacune de ces paroles est un mensonge, nul ne le sait mieux que les juges ; mais il faut satisfaire la haine anglaise.

Sur ce bûcher élevé, chacun verra mourir la Pucelle, chacun pourra entendre ses plaintes et ses cris ; on espère qu'elle désavouera sa mission au milieu des flammes. Aussi le bourreau a-t-il défense d'abréger le supplice en étranglant la condamnée suivant l'usage d'alors.

Les soldats anglais entourent le bûcher et remplissent la place, impatients de voir brûler « la sorcière ; » échangeant ensemble de brutales railleries et de grossiers quolibets. Rien ne les attendrit, ni ne les désarme ; ils sont insensibles même à la honte d'une lâcheté. Chevaliers, nul n'a pitié d'une femme sans défense, soldats, nul ne rend hommage à la valeur de leur noble ennemie.

Le peuple de Rouen se mêle aux Anglais, non par haine de la Pucelle, mais par cette curiosité vulgaire qui recherche les émotions violentes et les spectacles terribles. Plusieurs admirent Jeanne, beaucoup la plaignent, aucun n'ose élever la voix en sa faveur. Les Anglais commettent le crime, la foule le laisse accomplir. Jeanne, devant ces visages anxieux et craintifs, s'écrie douloureusement :

— « Oh ! Rouen ! Rouen ! seras-tu mon tombeau ? est-ce ici que je dois mourir ? »

Mais si quelques cœurs s'émeuvent à ce cri, aucune voix n'y répond : les Anglais sont là.

Le chariot s'arrête devant une des estrades où se

tiennent les juges ; Jeanne y monte pour entendre prononcer sa sentence.

Un docteur nommé Nicole Midi fait à la martyre un long discours, l'exhortant hypocritement au repentir de ses fautes ; puis Cauchon lit la sentence de mort, qui doit être exécutée par le bailli anglais.

Jeanne, sans répondre au discours, sans se plaindre de la sentence, s'agenouille et se met à prier à haute voix, avec une touchante ferveur. N'ayant plus rien à attendre des hommes, elle ne veut parler qu'à Dieu.

— « Sainte Trinité ! dit-elle, je crois en vous, ayez pitié de moi ! Jésus, ayez pitié de moi ! Priez pour moi, ô Marie ! saint Michel, saint Gabriel, sainte Catherine, sainte Marguerite, soyez-moi en aide !

« Vous tous qui êtes ici présents, pardonnez-moi comme je vous pardonne. Vous prêtres, dites chacun une messe pour le repos de mon âme. Saints du Paradis, protégez-moi ! » Puis songeant à l'imputation de sorcellerie qui pesait sur elle, et craignant qu'on ne s'en servît pour ternir l'honneur français : « Qu'on n'accuse pas mon roi ! C'est moi qui ai tout fait. Il n'y est pour rien. »

Cette parole n'est que trop vraie, hélas ! Jeanne seule a sauvé la France, elle seule doit porter la peine de son dévouement ! Cependant la piété, la résignation de la condamnée, sa fidélité touchante au souverain qui l'abandonne excitent la compassion de l'assistance ; les juges pleurent, Cauchon lui-même a les yeux humides, le bailli anglais sanglote, et le peuple pousse des cris de douleur. Quelques Anglais essayent d'opposer leurs rires cruels à l'émotion générale, mais c'est en vain ; la terreur et le remords saisissent la foule, et beaucoup s'enfuient pour n'en pas voir davantage.

La Pucelle demande une croix. Un Anglais compatissant lui en fait une avec deux bâtons et la lui offre. Elle le remercie d'un regard, baise avec amour cette rude croix et la met sur sa poitrine, sous ses vêtements; mais ce qu'elle voulait, c'était la croix de l'église qu'on portait aux processions, affirmant par là son respect et son dévouement pour l'Eglise, et son attachement à la foi catholique.

Isambart et Massieu allèrent chercher la croix de la paroisse Saint-Sauveur ; Jeanne la tint embrassée longtemps.

— « Ayez soin, dit-elle aux prêtres qui l'assistaient, ayez soin que je l'aie devant les yeux jusqu'à ma mort. »

Puis elle s'absorba dans une muette et suprême prière.

Les soldats anglais s'agitent avec colère, cette scène dure trop à leur gré ; il est près de midi, les capitaines crient à Massieu et à Ladvenu : « Hé ! prêtres ! nous ferez-vous dîner ici ? » Sur leur ordre deux sergents vont arracher Jeanne à sa dernière prière.

Ils lui enlèvent son chaperon, la coiffent d'une mitre de papier sur laquelle on lit : « Apostate et idolâtre, » et la traînent devant le bailli anglais qui doit ordonner l'exécution : « Menez, menez! » dit le bailli en montrant le bûcher.

Jeanne est conduite au bourreau, auquel les soldats disent : « Fais ton devoir. »

Le bourreau s'empare de la condamnée, la fait monter sur le bûcher, et la lie au poteau. Martin Ladvenu l'a intrépidemment suivie, et Isambart de la Pierre est au pied du bûcher.

En ce moment la Pucelle domine toute l'assemblée ; elle voit au-dessous d'elle juges et ennemis et la foule silencieuse et immobile : « Ah ! Rouen ! s'écrie-t-elle dans un élan prophétique, j'ai grand peur que tu n'aies à souffrir de ma mort ! »

Cette parole est la dernière qu'elle adressera à ses ennemis ; elle se tourne vers son confesseur, qui, debout près d'elle, la bénit et lui parle de Dieu, sans songer au danger qu'il court d'être atteint par les flammes.

Le bourreau vient de mettre le feu aux fagots ; la fumée s'élève, Jeanne pousse un cri, mais ce n'est pas pour elle qu'elle tremble : « Maître Martin ! dit-elle à Ladvenu, maître Martin ! le feu ! descendez ! »

Martin Ladvenu descend en hâte et rejoint Isambart au pied du bûcher ; tous deux tiennent la croix de Saint-Sauveur, l'élèvent vers la Martyre, l'exhortant et l'encourageant toujours. Mais Jeanne ne les entend plus ; ses frères du Paradis l'entourent, des milliers d'anges chantant *Hosannah !* attendent que cette âme héroïque ait brisé ses liens pour la conduire en triomphe aux pieds de Dieu.

Saint Michel est là, dans toute sa gloire, comme Jeanne le vit tant de fois : les saintes vierges Marguerite et Catherine sont aux côtés de leur sœur. Le ciel entier assiste à l'immolation de la victime qui doit racheter la France, et la terre disparait pour toujours aux yeux de Jeanne.

— « Oh ! saint Michel ! saint Michel ! » s'écrie-t-elle d'une voix vibrante, oui, ma mission était de Dieu ! Mes Saintes ne m'ont pas trompée ! »

La flamme qui monte atteint ses membres et lui arrache un cri de douleur, « de l'eau ! de l'eau bénite. » Un tourbillon de feu et de fumée l'enveloppe tout entière. « Jésus ! Jésus ! » dit-elle, puis elle laisse retomber sa tête avec un grand cri, disant encore « Jésus ! » et expire. Le sacrifice est consommé, les flammes ne dévorent plus qu'un cadavre insensible, les anges s'élancent radieux vers le ciel à la suite de la glorieuse martyre qu'une éternité de bonheur va récompenser de ses souffrances.

La foule se pressait autour du bûcher, tremblante et consternée ; dix mille hommes pleuraient ; les juges, silencieux et pâles, courbaient la tête. Le bourreau écarta les flammes pour montrer à la populace qu'il n'y avait avait pas eu substitution de personne, et que c'était bien la Pucelle qu'on avait brûlée vive ; puis rapprochant les fagots et ranimant le feu, il acheva son œuvre. Mais quel ne fut pas l'effroi de cet homme, lorsque le corps de Jeanne eut été réduit en cendres, de trouver son cœur intact parmi les débris enflammés.

Le bourreau et ses aides attisent le feu, et s'épuisent en efforts pour consumer le grand cœur qui a tant aimé la France ! C'est en vain ; Dieu ne permet pas aux flammes de le toucher. Le bourreau se retire épouvanté, et va se confesser à frère Isambart, disant que Dieu ne lui pardonnera jamais le supplice de la Pucelle.

A quelques pas du bûcher éteint, des soldats anglais

entourent un de leurs camarades évanoui. L'instant d'avant, il comptait parmi les plus furieux ennemis de Jeanne, il jurait de mettre un fagot à son bûcher, et s'approchait pour accomplir ce bel exploit, lorsque ses compagnons le virent chanceler et tomber.. C'est à grand peine qu'on parvint à le rappeler à la vie.

— « Malheur sur nous, compagnons ! nous avons commis un grand crime ! » dit-il tout hors de lui-même. « J'ai vu une colombe s'envoler de la bouche de la Pucelle vers le Ciel, alors qu'elle expirait en disant : Jésus ! »

Ce récit est répété parmi la foule, qui se disperse lentement, le cœur oppressé. Les juges se séparent, le rouge au front, le remords dans l'âme. Les chefs anglais sont soucieux et pensifs. Ils se sentent vaincus par leur victime. Ils l'ont accusée, condamnée, mise à mort ; mais pour l'accuser, il a fallu mentir ; pour la condamner, la calomnier ; et pour la tuer, l'assassiner lâchement.

Leur rage n'a abouti qu'à réunir sur la place du Vieux-Marché dix mille témoins, pour entendre une martyre jeter à ses ennemis, du milieu des flammes, cette suprême et solennelle attestation : « Oui, ma mission était de Dieu ! mes voix ne m'ont pas trompée ! »

L'honneur français, défendu jusqu'au dernier souffle par la Fille au grand cœur, est demeuré intact ; l'honneur anglais est souillé à jamais d'une tache d'infamie, l'Angleterre vient d'appeler sur son roi et son peuple la colère de Dieu.

Jeanne d'Arc est morte ! ses cendres et son cœur ont été jetés à la Seine, par ordre des Anglais, mais son âme vit éternellement au Ciel, tandis que sur terre, l'auréole des martyrs et la gloire des héros environnent sa noble et sainte mémoire.

Jeanne d'Arc est morte ! mais la France vit ! Le sang de la martyre l'a rachetée et régénérée ; le supplice de l'héroïne va soulever d'indignation les cœurs indifférents, réveiller les haines endormies, ranimer l'amour du pays, et arracher au peuple entier ce cri de vengeance : « Mort aux Anglais ! »

Le soir même de la mort de Jeanne, Jean Thiessard, secrétaire du roi d'Angleterre, parcourait les rues de Rouen, le front courbé, l'œil égaré, répétant ces paroles prophétiques : « Nous sommes perdus ! nous avons brûlé une Sainte ! »

ÉPILOGUE

LA GLOIRE

> « Væ victoribus. »
> « Malheur aux vainqueurs. »
> « Non omnis moriar. »
> « Je ne mourrai pas tout entière. »

Le supplice de Jeanne d'Arc fut, pour la domination anglaise en France, le coup de la mort.

En vain les Anglais essayèrent-ils de maintenir l'accusation de sorcellerie dans des lettres mensongères aux souverains de l'Europe et au Pape. Le martyre de la Pucelle témoignait de son innocence et de l'infamie de ses bourreaux : un cri de réprobation et d'indignation s'éleva de toutes parts contre l'Angleterre.

Un instant atterrée, la France entière se réveille ; le duc de Bourgogne se réconcilie avec Charles VII, abandonnant à jamais la cause anglaise ; Richemont fait enlever de la cour le favori La Trémouille, et s'empare, bon gré mal gré, de la direction de la guerre.

A la voix du grand connétable, le roi sort enfin de son apathie et se montre plein de courage et de résolution. Dunois, La Hire, Xaintrailles, d'Alençon rentrent en campagne, brûlant de venger « la brave chevalière » qu'ils n'ont pu sauver.

La Normandie se soulève. Dans les rues de Rouen, on montre au doigt tous ceux qui ont pris part au procès de la Pucelle, proclamant que Dieu les punira.

A Paris même, Paris envahi et courbé sous la terreur anglaise, une courageuse Bretonne nommée Périnaïk soutient à la face des vainqueurs : « Que Jeanne est bonne, et que ce qu'elle a fait est bien fait. »

Elle est brûlée comme Jeanne ; mais c'en est fait du règne anglais.

En 1436, Richemont reprend Paris ; en 1449, Charles conquiert Rouen et la Normandie.

En 1453, les Anglais, battus à Castillon, sont chassés de la Guyenne, leur dernier rempart. Le sol français est enfin libre ; et la prédiction de la Pucelle : « Les Anglais seront jetés hors de toute France », est accomplie.

Le royaume de Charles VII ayant reconquis par la guerre la gloire et la liberté, va retrouver dans la paix la richesse et l'abondance.

L'Angleterre sera déchirée par les discordes civiles pendant de longues années, et, Warwick et Strafford, au milieu des horreurs de la guerre des deux Roses, se souviendront en frémissant : « d'avoir fait brûler une sainte. »

Cependant l'odieuse accusation de sorcellerie trouble encore les esprits. Les Bourguignons répètent à l'envi les calomnies anglaises pour justifier le honteux marché de leur prince et de Ligny, et la martyre est encore appelée parmi eux : « La sorcière. » La France comprend que son honneur ne sera pas intact, tant qu'on pourra flétrir impunément celui de sa libératrice.

En entrant victorieux à Rouen, le premier soin de Charles VII est d'ordonner une enquête sur le procès et le supplice de Jeanne.

Il apprend que Dieu a fait justice des principaux coupables : Cauchon est mort foudroyé par l'apoplexie ; Jean d'Estivet a été trouvé noyé dans un égout ; Nicolas Loiseleur est tombé frappé de mort subite ; Nicole Midi est devenu lépreux.

Le peuple les accuse et les maudit, mais la condamnation de Jeanne a eu un tel retentissement qu'une seule autorité peut réhabiliter solennellement sa mémoire ; c'est l'autorité du Saint-Siège.

Déclarée innocente par l'Eglise, la Pucelle sera au-dessus de toute calomnie. Charles envoie demander en cour de Rome la révision du procès ; et voici qu'une voix fidèle s'élève énergiquement, en même temps que celle du roi, pour demander justice au Pape : la voix d'Isabelle Romée.

Peu après la mort de son enfant, le vieux Jacques d'Arc s'est éteint, le cœur brisé. Isabelle a survécu : le courage et l'amour dominent la douleur dans l'âme des mères, Isabelle Romée restera debout, tant qu'elle n'aura pas accompli la tâche à laquelle elle voue désormais sa vie : Venger l'honneur de sa bien-aimée fille. Vingt ans, elle a attendu l'instant propice ; il est enfin venu.

— « On ne peut pas aller chercher Notre Saint-Père le Pape si loin ! » avait dit Cauchon à sa victime ; il se trompait. Il n'y a pas, dans le domaine de l'Eglise, terre si reculée ou serviteur si misérable qui ne puisse attendre et demander le secours du Pape, ce représentant du Pasteur qui connaît toutes ses brebis et n'en délaisse aucune.

Le premier appel de Jeanne n'a pas été entendu d'abord, parce qu'il fallait que le sacrifice s'accomplît. Après vingt ans, il parviendra au Saint-Siège, à temps pour que les fruits du sacrifice soient recueillis, pour que l'enfant qui a sauvé la France soit déclarée envoyée de Dieu, pour que le monde entier comprenne que la délivrance de la France est l'œuvre de Dieu.

Calixte III occupait la chaire de saint Pierre : en 1455 il ordonna la révision du procès, l'examen juridique de ses pièces, et délégua deux évêques pour informer en son nom.

Le nouveau procès eut lieu à Rouen même, et dura huit mois : les salles du château royal se rouvrirent pour entendre juger la cause de la Pucelle une seconde fois.

Ce sont des juges impartiaux qui vont maintenant prononcer. Les Anglais ne sont plus là pour acheter ou terrifier les consciences, les témoignages favorables ne sont plus étouffés. Des juges iniques, plusieurs ont disparu de ce monde ; les autres siègent, non plus au tribunal, mais au banc des témoins.

Isabelle Romée, appuyée sur le chevalier du Lys, et Jean d'Arc, ses derniers enfants, les fidèles compagnons de Jeanne, réclame au nom de sa fille justice et vérité. Tous trois attendent avec confiance qu'on déclare si leur nom, jadis ennobli par Jeanne, est maintenant souillé par elle.

Voici venir Hauviette et Mengette qui redisent sa piété, sa candeur, son grand amour pour la France. Voici Jean de Metz et Bertrand de Poulengy, ces premiers compagnons de la Pucelle, qui exaltent sa vaillance et sa loyauté.

Voici Jean d'Alençon et le noble Dunois déposant des qualités de la guerrière et des vertus de la chrétienne.

Ce vieillard qui s'avance les yeux humides est le sire Jean d'Aulon, le fidèle écuyer de Jeanne, ce jeune chevalier est Louis de Contes, son ancien page, et ce religieux, son aumônier Pasquerel. Ils ne l'ont pas quittée durant sa vie militaire, et ne parlent d'elle qu'avec vénération, rendant hommage à l'angélique sainteté et à l'héroïque courage de l'élève de saint Michel.

Voici, enfin, les témoins du dernier combat : les juges Beaupère, Marguerie, Désert et autres ; les greffiers Manchon et Taquel, le bon huissier Massieu, et, enfin, Isambart de la Pierre et Martin Ladvenu, ces prêtres courageux qui suivirent Jeanne jusque sur le bûcher. Ils dévoilent les machinations de Cauchon, l'infamie des Anglais, mettent au jour la patience et la droiture de la sainte victime, répétant ses solennelles paroles, que tout Rouen a pu entendre : « Oui ! mes voix étaient de Dieu ! »

Le tribunal délibère et proclame, au nom du Saint-Siége, que le procès fut illégal, calomnieux, nul, l'accusée innocente, et la condamnation injuste.

L'arrêt de Cauchon est cassé ; une procession expiatoire à la place du Vieux-Marché est ordonnée ; une croix sera plantée au lieu même où « la Pucelle fut cruellement brûlée, » en perpétuelle mémoire de ce jugement.

Isabelle Romée sort du tribunal la tête haute, entourée de ses fils et des frères d'armes de sa fille, et le peuple les acclame en bénissant la Pucelle.

La veuve de Jacques d'Arc peut mourir en paix ; son œuvre est accomplie.

Jeanne, délaissée de tous au bûcher de Rouen, comptait encore sur terre deux défenseurs intrépides : Isabelle, sa mère ici-bas ; l'Eglise, sa mère immortelle, toutes deux lui ont été fidèles.

L'Eglise a parlé, à la prière d'Isabelle ; désormais la lumière est faite. Les nations catholiques tiendront Jeanne pour une victime innocente et ses bourreaux pour d'insignes coupables. L'Angleterre cessera de jeter l'insulte à sa noble ennemie, et la France se glorifiera hautement de sa libératrice.

Une gloire toujours croissante vint sanctionner la décision du Pape et entourer de son éclatante auréole cette belle et pure figure où se réunissent les traits les plus élevés du chevalier, de la femme et de la sainte.

A peine les cendres du bûcher sont-elles refroidies, qu'on voit le peuple français s'éprendre d'amour et de pitié pour « Jehanne, la bonne Lorraine, qu'Anglais brûlèrent à Rouen », et lui décerner un culte enthousiaste.

Les siècles, en passant, ne font que fortifier cet amour et augmenter ce culte ; car c'est le propre de la gloire des Saints, de grandir jusqu'à l'éternité. La France se couvre de monuments en l'honneur de Jeanne : la sculpture, la peinture, la poésie s'emparent, chez tous les peuples, de ce sublime modèle, et désespèrent de le reproduire jamais dans sa simple et touchante grandeur.

La ville d'Orléans est fidèle à célébrer publiquement chaque année, avec une pompe religieuse et militaire, l'anniversaire du 8 mai ; enfin, l'Eglise, à qui seule il appartient de décerner des couronnes et des palmes immortelles, s'occupe des recherches nécessaires à la béatification de Jeanne d'Arc ; et, en attendant cette solennelle déclaration, le saint et vénéré Pontife Pie IX rend à la Pucelle un remarquable témoignage.

« Personne, dit-il dans un Bref à l'un des historiens de Jeanne, personne ne saurait méconnaître que Dieu voulant relever la France de ses désastres et lui rendre son roi légitime, n'ait choisi ce qui était faible pour confondre les puissants, et n'ait donné à une simple fille des champs une merveilleuse science des choses de la guerre et de la politique.

Il est triste de constater que même dans ces circonstances, on retrouve l'ingratitude cette compagne ordinaire des plus grands bienfaits.

L'envie, la haine, la rivalité des partis suscitent toujours des détracteurs aux mérites éminents ; mais la fermeté et l'égalité d'âme de ceux qui souffrent persécution pour la justice, les élèvent au dessus d'eux-mêmes et rabaissent leur ennemis : elles répandent un nouveau lustre sur la vertu des opprimés et vouent les oppresseurs à une éternelle infamie. »

Ainsi en fut-il pour Jeanne d'Arc. Choisie entre toutes les femmes pour sauver son pays, elle a reproduit dans sa vie et dans sa mort les principaux traits de la vie et de la mort du Christ, et a marché au triomphe par la même route que son divin modèle. A l'exemple du Sauveur, elle eut une vie obscure et laborieuse, suivie d'une courte et éclatante mission ; elle fut vendue par un homme de sa nation, jugée par des compatriotes, exécutée par l'étranger ; elle eut à subir un procès inique, une condamnation ignominieuse, l'abandon des siens, une mort cruelle. Comme Jésus-Christ, elle mourut victime expiatoire pour les péchés de son peuple.

Elle pardonna à ses bourreaux; se montra patiente et douce envers la douleur et la calomnie ; elle pleura sur Rouen comme le Sauveur pleura sur : « la Jérusalem qui lapide les prophètes. » Jésus fut condamné pour s'être dit : « Fils de Dieu, » Jeanne pour s'être déclarée « Envoyée de Dieu ; » et dans cette parole des Anglais terrifiés : « Nous sommes perdus, nous avons brûlé une Sainte ! » il y a un écho de la parole du

Centurion au Calvaire : « Cet homme était vraiment le fils de Dieu ! »

La mort du Christ arrachait à ses ennemis la confession de sa divinité ; la mort de Jeanne, la confession de son innocence. Le Maître a vaincu par la croix — sa fidèle servante par le bûcher.

La croix qui a racheté le monde est le trône de notre Dieu, signe glorieux devant lequel les fronts superbes se courbent et les cœurs rebelles se prosternent.

Le bûcher qui a racheté la France est véritablement le trône de Jeanne !

C'est là que son pays vient la contempler mourant pour lui et fléchir le genou devant celle qui l'aime : « Jusqu'à la fin. »

Et nous comme Jeanne, fils de la France et fils de l'Eglise, apprenons de notre sœur de Lorraine, la Foi, l'Espérance, et l'Amour.

Croyons « au Christ qui aime les Francs, » selon le mot de Clovis : qui les a aimés jusqu'à les racheter du sang de ses Saints ; jusqu'à faire en leur faveur un prodige demeuré unique dans l'histoire du monde : Croyons au Christ pour être forts !

Espérons invinciblement contre toute humaine espérance, parmi les défaites, les hontes, les persécutions. Le salut vient souvent aux peuples par l'épreuve ; et l'heure où l'homme croit tout perdu, est l'heure que Dieu choisit pour agir. Espérons avec lui pour être vaillants !

Aimons Dieu et la France comme Jeanne les aima ; d'un amour plus fort que la mort, s'enracinant par la lutte, grandissant par le péril, s'exaltant par le sacrifice, capable d'arracher son pays à la ruine et à la tombe.

Aimons la France pour qu'il nous soit donné de la sauver !

Notre Patrie traverse une heure de terrible épreuve ; sa foi, son honneur, sa liberté sont en péril ; et ses ennemis la disent agonisante ; mais en dépit de ses blessures, son cœur bat encore, il est demeuré intact parmi les ruines de son passé, comme le cœur de sa Libératrice au milieu des flammes du bûcher.

La France vit ! son salut est entre les mains de tous ses enfants.

Que l'heure du danger soit pour eux l'heure de l'héroïsme et du sacrifice, l'heure de l'espoir et de l'amour !

« Combattons vaillamment, et Dieu nous donnera la victoire. »

24 mai 1882.

NOTES

SUR

JEANNE D'ARC

NOTES

sur

JEANNE D'ARC

NOTE I

Le nom de Jeanne d'Arc

« Plusieurs personnes, dit M. Wallon, croient rendre à Jeanne d'Arc son nom véritable en l'appelant Jeanne Darc, prétendant ainsi revenir à l'ancienne orthographe. » Cette supposition est dénuée de fondement. Il est parfaitement vrai qu'au temps de la Pucelle on écrivait Jeanne Darc, mais on écrivait aussi : « Roi Dangleterre, » — « Duc Dalençon, » — Comte Darmagnac, » pour roi d'Angleterre, — duc d'Alençon, — comte d'Armagnac, par la bonne raison que l'apostrophe était alors inconnue et ne prit place dans les alphabets que deux siècles plus tard.

« Le mot *Darc* n'a point de sens en français ; la forme d'Arc s'explique, au contraire, soit qu'on la rapporte au village d'Arc, Arc en Barrois, par exemple, soit qu'elle rappelle l'arme favorite des paysans du moyen âge.

« Les partisans de la forme *Darc* ne dissimulent pas que s'ils repoussent l'apostrophe, c'est qu'elle leur paraît donner une origine aristocratique à un nom tout populaire. Or, *le caractère aristocratique de la particule est un préjugé qui existe aujourd'hui, mais qui, assurément, était inconnu du temps de Jeanne d'Arc.* — Le mot *de* exprime un rapport: appliqué à un nom de lieu, il peut marquer une origine. » (Wallon).

Cela est si vrai, que de nos jours, on voit à chaque instant des paysans se désigner entre eux par le nom de leur village ou de leur ferme.

« Un tel... de Montmorency... de Bourbon l'Archambault, » etc., ce qui ne les allie nullement aux familles de Montmorency et de Bourbon mais indique qu'ils sont originaires de la ville de Bourbon ou de Montmorency. La particule n'implique nullement la noblesse. « Jacques d'Arc n'était point noble, et la preuve en est dans l'acte même de Charles VII qui annoblit sa famille en l'honneur de la Pucelle. Jacques d'Arc n'était point du village d'Arc personnellement, mais un de ses aïeux, peut-être, en était ou y avait séjourné, en avait pris son nom, et dès lors, le lui avait transmis: la proximité d'Arc en Barrois, qu'on appelait plus justement Arc en Bassigny rend très probable cette hypothèse.

« Cette étymologie est la plus vraisemblable, mais il y en a encore une autre. C'est celle qui rattache le nom d'Arc au mot *Arc*. Charles d'Arc du Lys, neveu de Jeanne par son frère Pierre, nous apprend que Jacques d'Arc, père de la Pucelle, avait pour signet ou sceau « un arc bandé de trois flèches. » — (Au XIVᵉ siècle, des familles ou des individus de toute naissance se servaient pour leurs signets ou sceaux, etc., de marques ou insignes personnels. Ces marques se groupaient et figuraient comme des armoiries, à la seule exception du casque, essentiellement militaire, ou de la couronne, essentiellement noble). Jean du Lys, second fils de Pierre d'Arc, laissant à son aîné Charles, les armes que Jeanne et ses frères tenaient de Charles VII, s'était contenté de retenir « l'arc et les flèches, ces armoiries anciennes de la famille, auxquelles il ajouta le casque d'écuyer. » (Wallon).

Quelle que soit l'origine du nom, c'est Jeanne *d'Arc* qu'il faut écrire et non *Darc*.

NOTE

Portrait de Jeanne d'Arc

« Elle était, suivant les dépositions des contemporains, belle et bien formée, bien compassée de membres et forte, grande et vigoureuse. » Elle avait la voix douce : « Une douce voix de femme. » C'était, dit M. Wallon, « une âme religieuse dans un corps sain et robuste. » Malheureusement il ne nous est demeuré d'elle nul portrait authentique.

NOTE III

Costume militaire de Jeanne d'Arc

En quittant Vaucouleurs, Jeanne était ainsi vêtue : un justaucorps ou gippon, sorte de gilet, chausses longues liées au justaucorps par des aiguillettes ; tunique ou robe courte tombant jusqu'aux genoux ; guêtres hautes et éperons, avec le chaperon, le haubert, la lance, l'épée, etc. Ses cheveux étaient coupés à l'*écuelle*, c'est-à-dire en rond autour de la tête. Plus tard, Guy de Laval nous la représente couverte d'une armure blanche, une hachette à la main. Au combat, elle portait son étendard, et pour ne point s'exposer à tuer, c'était avec lui qu'elle abordait l'ennemi.

« En chevauchant, elle portait son harnois aussi gentiment que si elle n'eut fait autre chose de sa vie... ceux qui l'ont vue armée disent qu'il la faisait très bon voir, et se tenait aussi bien que l'eut fait un bon homme d'armes. Quand elle était sur le fait d'armes elle était moult hardie et courageuse, et parlait hautement du fait des guerres. Et quand elle était sans harnois militaire, elle était moult simple et peu parlant. » (Chroniques).

NOTE IV

Famille de Jeanne d'Arc

« Les parents de Jeanne étaient de simples laboureurs, « de bonne vie et renommée, » n'ayant avec leur chaumière qu'un petit patrimoine, mais considérés dans leur état, vrais et bons catholiques, et soutenant avec honneur leur pauvreté... Jacques d'Arc était né à Ceffonds, près Montiers-en-Der, en Champagne (Haute-Marne); Isabelle Romée à Vouthon, village situé sur la route de Greux à Gondrecourt, dans le Barrois (Vosges). (Wallon.) Nous avons vu que bien que non nobles ils avaient un sceau ou signet particulier, ce qui prouverait qu'ils comptaient parmi les notables du village et étaient « considérés en leur état. »

Deux des frères de Jeanne la rejoignirent à l'armée et prirent part au siége d'Orléans. Pierre fut fait prisonnier à côté d'elle à Compiègne.

Jacques d'Arc vint à Reims assister au sacre, bénir sa fille et jouir de son triomphe. Selon Valeran de Varanis, il mourut de chagrin à la mort de Jeanne, peut-être moins cruellement frappé de la perte de son enfant que de l'ignominie du supplice et des flétrissures de la calomnie.

Isabelle Romée vécut de longues années ; le procès de réhabilitation fut entrepris à sa prière — La ville d'Orléans qu'elle habita depuis 1440, lui paya jusqu'à sa mort une pension de 24 fr. par mois. Elle mourut le 28 novembre 1458. La ville voulut que le mois échu en décembre fût payé à son fils Pierre du Lys : « Pour faire du bien pour l'âme d'elle et accomplir son testament. »

Jacquemin d'Arc, l'aîné des frères, qui était demeuré à la maison près de ses parents pour aider au labour, fut annobli avec les autres et mourut avant la réhabilitation de la Pucelle.

Jean d'Arc devint bailli de Vermandois et capitaine de

Chartres, puis capitaine de Vaucouleurs, charge qu'il abandonna pour une pension.

Pierre d'Arc, le chevalier du Lys, le fidèle compagnon de Jeanne, reçut du duc d'Orléans l'Ile aux Bœufs, en face de Chécy en reconnaissance de ses services pendant le siège. Outre leurs titres de noblesse, les deux pères recevaient du roi des pensions qui se continuèrent sous le règne de Louis XI. Celle de Pierre se transmit à son fils cadet Jean du Lys. — Jean et Pierre laissèrent des enfants ; leur descendance mâle s'éteignit au XVIIIe siècle. Le privilège exceptionnel d'annoblissement par les femmes fut supprimé en 1614.

Catherine d'Arc mourut jeune sans avoir été mariée.

NOTE V

Détresse du roi Charles VII

« C'est le temps, dit M. du Fresne de Beaucourt, où Charles VII vend ses joyaux et tout ce qu'il possède, où il fait remettre des manches à ses vieux pourpoints, et où un cordonnier lui retire du pied une bottine qu'il venait de lui chausser, le roi ne pouvant lui payer comptant la paire et l'artisan ne voulant pas la lui laisser à crédit, en sorte que le prince dut rechausser ses vieilles bottines. » Le roi se demandait alors s'il ne se réfugierait pas en Espagne, et le roi de Castille, l'ancien allié de la France, entrait lui-même en négociations avec les Anglais.

NOTE VI

Influence de la Trémouille

« Georges de la Trémouille, né vers 1385, combattit à Azincourt et y fut pris. En 1416 il épousa Jeanne, comtesse de Boulogne et d'Auvergne, et devint un des familiers de la cour d'Isabeau de Bavière. En 1418, assiégé dans sa résidence de Sully sur Loire par les partisans du Dauphin, il fut pris et se fit Armagnac mais *sans rompre entièrement ses relations avec les Bourguignons*. Devenu veuf, il épousa la veuve du sire de Giac, ancien favori du roi, qu'il avait aidé à renverser ; il obtint la place de Giac près de Charles VII avec le titre de chambellan, et toute facilité pour évincer le connétable de Richemont. « (Wallon.)

« La Trémouille après s'être imposé au roi avait habilement exploité son mécontentement contre l'impérieux connétable ; il s'était rendu nécessaire en alimentant le trésor royal. *Il avait avancé des sommes s'élevant à 27,000 livres pour lesquelles la châtellenie de Chinon, lui avait été donnée en gage...* il avait pris un tel ascendant que personne n'osait même le contredire. Mais il faut dire que l'insouciance du roi, son défaut d'énergie, laissaient la porte ouverte à bien des abus... Ainsi le faible prince n'est plus qu'un jouet entre d'indignes mains. » (Du Fresne de Beaucourt.) Cet homme fut un des ennemis de Jeanne et une des causes du lâche abandon dont elle fut victime.

« En 1431 nous voyons la Trémouille obtenir du roi des lettres de rémission : en quoi il se montrait moins soigneux de sa réputation que de sa sûreté, car il s'y avouait coupable d'une multitude de crimes, meurtres, pillages, et concussions, ne craignant pas de s'en accuser pour se faire absoudre. Cela n'empêcha pas qu'il fut surpris à Chinon près du roi, enlevé et séquestré par un coup de main concerté entre Richemont, la reine Yolande d'Aragon, belle-mère du roi, et Raoul de Gaucourt (1433). Il fut relâché, moyennant rançon, *mais à la condition de ne plus approcher du roi* et Charles VII *ne s'en inquiéta pas davantage*. Il garda sa charge mais perdit son importance ; il mourut en 1446. » (Wallon.)

NOTE VII

Lettres de Jeanne d'Arc.

L'histoire nous a conservé huit lettres de Jeanne. Une aux Anglais, une au duc de Bourgogne, les autres à diverses « bonnes cités royales. » Elle se peint tout entière dans cette correspondance, dictée à une main étrangère, mais dont toutes les paroles sont sorties de ses lèvres et de son cœur.

PREMIÈRE LETTRE

Sommation faite aux Anglais de lever le siége d'Orléans et d'évacuer la France, nous en avons cité des passages ; la voici tout entière.

« JHESUS MARIA.

« Roi d'Angleterre, et vous, duc de Bedford *qui vous dites* régent du royaume de France, Guillaume de la Pole, comte de Suffolk, Jehan sire de Talbot et vous, Thomas sire de Scales, qui vous dites lieutenants du susdit de Bedford, faites raison au roi du ciel de son sang royal. Rendez à la Pucelle qui est envoyée ici de par Dieu le roi du ciel, les clefs de toutes les bonnes villes que vous avez prises et violées en France. Elle est venue de par Dieu le roi du Ciel pour réclamer les droits du sang royal. Elle est toute prête de faire paix, si vous voulez lui faire raison, par ainsi que vous rendiez la France et que vous payiez pour l'avoir tenue.

Et vous, archers, compagnons de guerre nobles et autres qui êtes devant la bonne ville d'Orléans, allez-vous en, de par Dieu, en vos pays ; et si vous ne le faites, attendez les nouvelles de la Pucelle qui vous ira voir sous peu à votre bien grand dommage. Roi d'Angleterre, si ainsi vous ne le faites, je suis chef de guerre, et en quelque lieu que j'atteigne vos gens en France, je les ferai s'en aller, qu'ils le veuillent ou non ; et s'ils ne me veulent obéir je les ferai tous mourir ; s'ils veulent obéir je les tiendrai à merci. Je suis venue *ici de par Dieu, le Roi du Ciel,* CORPS POUR CORPS, *pour vous bouter hors de toute France, et contre tous ceux qui voudraient porter trahison dommage ou malheur au royaume de France.* Et n'allez pas croire que vous tiendrez jamais le royaume de France de Dieu, Roi du Ciel, fils de Sainte-Marie : celui qui le tiendra c'est le roi Charles, vrai héritier ; car *Dieu, le roi du ciel, le veut ainsi et le lui a révélé par la Pucelle;* il entrera à Paris en bonne compagnie. Si vous ne voulez croire les nouvelles que Dieu vous mande par la Pucelle, en quelque lieu que nous vous trouvions, nous férirons de bons coups et ferons si grand tumulte que de mille ans il n'y en a eu pareil en France. Et croyez fermement que le *roi du ciel enverra plus de force à la Pucelle et à ses gens que vous n'en sauriez mener de tous assauts ;* et on verra qui aura meilleur droit, du Dieu du Ciel ou de vous. Duc de Bedford, la Pucelle vous prie et vous requiert que vous ne vous fassiez pas détruire. Si vous lui faites raison, vous pourrez venir en sa compagnie où les Français feront le plus beau fait d'armes qui fut jamais en la chrétienté. Et faites réponse en la cité d'Orléans, si vous voulez la paix ; et si vous ne le faites vous sentirez bientôt de grands dommages.

Ecrit le mardi de la semaine Sainte.

De par la Pucelle.

Et sur l'adresse. « Au duc de Bedford *soi-disant* régent de France ou à ses lieutenants étant devant la ville d'Orléans. »

Cette lettre mérite d'être étudiée. Outre qu'elle est un chef-d'œuvre de fierté, de mâle énergie et de loyauté, elle est une des meilleures preuves de la mission surnaturelle de Jeanne d'Arc. La Pucelle ne parle pas au nom de Charles VII mais au nom de « Dieu, le roi du Ciel. » C'est de Lui seul

qu'elle relève, c'est lui qui l'envoie réclamer les droits de
« son sang royal. » Elle dit le représenter « *corps pour
corps,* » et « l'on verra qui a meilleur droit du roi du Ciel
ou des Anglais. » Elle est sûre du triomphe, elle l'annonce hardiment, et prie Bedford « de ne pas se faire
détruire. » Elle répète aux Anglais qu'ils seront jetés par
elle hors de France s'ils ne veulent s'en aller, prédisant
que *le roi entrera à Paris en bonne compagnie* ; et cela parce-
que « Dieu veut qu'il tienne le royaume de France. » Elle
ne s'inquiète pas d'avoir de gros bataillons, et dédaigne de
parler de son armée, mais elle menace l'ennemi du « secours
que le roi du Ciel enverra à la Pucelle. »

Quel général a jamais parlé ainsi ? D'où viennent à une
pauvre fille des champs tant de foi, d'assurance et d'audace?
Toute explication purement humaine disparaît devant cet
étonnant langage.

Jeanne vit dans une atmosphère au-dessus des prévisions
et des passions de la terre. Elle tient directement sa mission
de Dieu qui dévoile à ses yeux ses desseins sur la France et
lui permet de lire dans l'avenir. Le roi, les capitaines, ceux
qui s'agitent autour de Jeanne ne sont pour elle que des
acteurs dociles ou récalcitrants du grand drame où va se
jouer le salut de la France, drame dont l'action est dirigée
par Dieu au ciel, et conduite sur terre par Jeanne, son
envoyée, recevant ses ordres directs.

Rien ne nous paraît dépasser l'énergie de cette parole sur
laquelle nous insistons : « Je suis venue de par le Roi du
ciel, *corps pour corps*. » Je ne sache pas qu'on trouve dans la
Vie des Saints, une affirmation semblable. Les apôtres
eux-mêmes n'agissaient au nom du Christ qu'en s'humi-
liant, en séparant l'homme pécheur de sa sublime mission.
Jeanne n'y songe même pas, elle ne voit que Dieu et
s'identifie à sa volonté, au point de ne plus se compter
comme autre chose que comme la personnification et l'instrument de cette volonté. Ceux qui l'ont surnommée
« l'Epée de Dieu » ont trouvé le mot juste.

LETTRE II

Encouragements donnés aux Français de la ville de Tournay, demeurée fidèle au roi, et communication des victoires de Jeanne. La Pucelle venait de reprendre les villes de la Loire.

(25 juin 1429). — Aux loyaux Français de la ville de Tournay.

† JHÉSUS † MARIA.

« Gentils loyaux Français de la ville de Tournay, la Pucelle vous fait savoir des nouvelles de par là. Elles sont telles qu'en huit jours, elle a chassé les Anglais de toutes les places qu'ils tenaient sur la rivière de la Loire, par assaut ou autrement ; il y en a eu beaucoup de pris et de morts et elle les a déconfits en bataille. Et croyez que le comte de Suffolk, La Pole son frère, le sire de Talbot, le sire de Scales, et messire Jean Falstaff ont été pris et que le frère de Suffolk et Gladesdale sont morts. Maintenez-vous bien, loyaux Français, je vous en prie et requiers que vous soyez tous prêts à venir au sacre du gentil roi Charles, à Reims où nous serons bientôt, et venez au devant de nous quand vous saurez que nous approcherons.

Je vous recommande à Dieu, Dieu vous soit en garde et vous donne sa grâce afin que vous puissiez maintenir la bonne querelle du royaume de France.

Ecrit à Gien, le XXVe jour de juin.

Cette seconde lettre est une dépêche amicale du « chef de guerre, » mandant aux siens ses victoires, leur prescrivant la conduite à tenir, et leur rappelant la « bonne cause du royaume. » Il est à remarquer que Jeanne ne fait suivre son nom d'aucun titre, tel que « capitaine du roi, » ou « commandant les armées royales. » Non, elle est indépen-

dante de tout titre et de tout lien, et s'appelle simplement
« Jeanne la Pucelle, » nom qu'elle sait cher à son Seigneur
le Roi du ciel.

LETTRE III

Sommation faite aux habitants de Troyes d'ouvrir leurs
portes à Charles VII en marche vers Reims. Après avoir
fait mine de résister, Troyes effrayée de l'appareil d'un
assaut commandé par la Pucelle, s'empressa de faire sa
soumission.

Aux seigneurs bourgeois de la cité de Troyes.

JHÉSUS MARIA.

« Très chers et bons amis, s'il tient à vous seigneurs, bourgeois et habitants de la ville de Troyes, Jehanne la Pucelle vous mande et fait savoir *par le roi du ciel, son droicturier et souverain seigneur, au service royal duquel elle est chaque jour,* que vous fassiez vraie obéissance et reconnaissance au gentil roi de France qui sera bientôt à Reims et à Paris, *qui que ce soit qui vienne contre,* et en ces bonnes villes du saint royaume, à l'aide du roi Jhésus. Loyaux Français, venez au devant du roi Charles et qu'il n'y ait pas de faute ; et ne doutez de vos vies, ni de vos biens si vous le faites. Et si vous ne le faites pas, je vous promets et certifie sur vos vies que nous entrerons à l'aide de Dieu en toutes les villes qui doivent être du saint royaume, et y ferons bonne et ferme paix, malgré quiconque s'y opposerait.

Je vous recommande à Dieu, Dieu soit en votre garde, s'il lui plaît. Répondez promptement.

Devant la cité de Troyes, écrit à Saint-Fale, le mardi, quatrième jour de juillet. »

On voit que Jeanne tenait à ses compatriotes un langage moins altier et plus conciliant que celui qu'elle employait avec les Anglais. Mais sous cette forme courtoise et modérée, on trouve la même fermeté, la même certitude de vaincre « qui que ce soit qui vienne contre, » la même menace d'employer les armes si la douceur échoue ; enfin la même affirmation précise que « *le Roi du ciel est son souverain et droicturier seigneur et qu'elle est à son royal service tous les jours de sa vie.* » Qu'on ne s'y trompe pas ; Dieu seul est son Maître.

LETTRE IV

Au duc de Bourgogne pour le prier de faire sa paix avec le roi, et l'arracher au parti anglais.

Ecrite le jour du sacre, au duc de Bourgogne.

JHÉSUS MARIA.

« Haut et redouté prince, duc de Bourgogne, la Pucelle vous requiert de *par le Roi du ciel, mon droicturier et souverain seigneur*, que le roi de France et vous fassiez une bonne et ferme paix qui dure longtemps. Pardonnez l'un à l'autre de bon cœur, entièrement, ainsi que doivent faire de loyaux chrétiens, et s'il vous plaît de guerroyer, alors, combattez les Sarrasins. Prince de Bourgogne, je vous prie, supplie et requiers tant humblement que requérir vous puis, que vous ne guerroyiez plus contre le saint royaume de France, et fassiez retirer incontinent et promptement vos gens qui sont en aucunes places et forteresses du saint royaume. Quant au noble roi de France, il est prêt à faire la paix avec vous, son honneur étant sauf, ainsi elle ne tient qu'à vous,

« Je vous fais savoir de par le Roi du Ciel mon droicturier et souverain Seigneur, pour votre bien et pour votre honneur et sur votre vie que vous ne gagnerez point de bataille contre les loyaux Français, et que *tous ceux qui guerroient contre le saint royaume de France, guerroient contre le saint roi Jhesus, roi du Ciel et de tout le monde,* mon droicturier et souverain Seigneur. Et je vous prie et vous requiers à mains jointes, que vous ne fassiez nulle bataille et ne guerroyiez pas contre nous, vous, vos gens et vos sujets. Croyez sûrement que, quelque nombre de gens que vous ameniez contre nous, ils n'y gagneront rien, et ce sera grande pitié de la bataille et du sang répandu de ceux qui y viendront contre nous.

« Il y a trois semaines que je vous avais écrit et envoyé bonnes lettres par un héraut afin que vous fussiez au sacre du roi, qui aujourd'hui, dimanche XVIIe jour de juillet, se fait en la cité de Reims. Je n'ai point eu de réponse, et n'ouïs oncques nouvelles dudit héraut. Je vous recommande à Dieu ; qu'il vous ait en garde s'il lui plaît, et je le prie qu'il mette bonne paix entre vous.

Ecrit audit lieu de Reims, ledit XVIIe jour
de juillet 1429.

Jeanne n'eut jamais de réponse à cette loyale et touchante missive. Elle parle au prince comme à un frère d'armes égaré, avec les égards dus « au sang royal de France. » Sachant qu'il avait de graves motifs de haine contre le roi, elle fait appel à sa générosité et le supplie avec instances de pardonner et de consentir à la paix, mais loin d'elle les concessions diplomatiques et les moyens d'intrigue. Elle n'a qu'un seul motif à invoquer pour le détacher de l'Angleterre ; c'est que « guerroyer contre la France est guerroyer contre Dieu, » et parlant au nom de Dieu, elle ne peut en invoquer d'autres ; les trêves et les promesses sont bonnes pour le conseil royal. Jeanne voit et juge de plus haut. Elle ne ménage pas plus le prince dans ses réclamations qu'elle n'a ménagé les Anglais ; elle lui mande avec autorité qu'il ait à retirer ses sujets de toutes les forteresses du royaume, et l'avertit que s'il ne le fait, mal lui en arrivera, « il ne gagnera jamais bataille contre les loyaux Français. » S'il veut guerroyer « qu'il fasse la guerre aux Sarrasins, » car c'est pitié de s'égorger entre chrétiens et surtout entre compatriotes. Elle n'oublie pas de rappeler qu'elle a écrit pour convier le duc au sacre royal (*elle,* non Charles VII ; elle agit d'après sa seule initiative ou plutôt celle du Ciel), et elle redemande son héraut. C'est une leçon d'honneur, de bonne foi, et de générosité qu'elle donne au duc au nom de Dieu ; elle essaie de réveiller la conscience du transfuge. Hélas ! Philippe le Bon n'était pas à la hauteur d'un tel langage. Les motifs d'intérêt personnel et de vengeance particulière le touchaient plus que le service de Dieu et le bien de la France.

LETTRE V

Aux habitants de Reims, pour leur recommander la vigilance, les assurer de son appui et les mettre en garde contre les Bourguignons.

Quelques jours après le sacre.

« Aux loyaux Français, habitant en la ville de Reims.

Mes chers et bons amis, les bons et loyaux Français de la cité de Reims, Jehanne la Pucelle vous fait savoir de ses nouvelles, et vous prie et requiert que vous ne fassiez nul doute en la bonne querelle qu'elle mène pour le sang royal ; et je vous promets et certifie que je ne vous abandonnerai point tant que je vivrai.

Il est vrai que le roi a fait trêve avec le duc de Bourgogne quinze jours durant, c'est-à-dire que le duc lui doit rendre la cité de Paris paisiblement au bout de quinze jours. Cependant, ne vous étonnez point si je n'y entre pas promptement, *car de ces trêves ainsi faites, je ne suis pas contente, et ne sais si je les tiendrai.* Si je tiens celle-ci, ce sera seulement pour garder l'honneur du roi, mais ils n'abuseront point deux fois le sang royal, car je tiendrai et maintiendrai ensemble l'armée du roi pour être toute prête au bout des dits quinze jours, s'ils ne font la paix.

Pour ce, mes très chers et parfaits amis, je vous prie de ne point *vous tourmenter tant que je vivrai*, mais je vous requiers que vous fassiez bon guet et gardiez la bonne cité du roi ; et faites-moi savoir s'il y a nuls « triteurs, » (traitres) qui veulent peser sur vous, et le plus tôt que je pourrai, je vous les ôterai. Faites-moi savoir de vos nouvelles.

Je vous recommande à Dieu ; qu'il vous ait en sa garde !

Ecrit ce vendredi, cinquième d'août 1429, dans un logis sur champ, ou chemin de Paris.

La loyauté de Jeanne était plus clairvoyante que la finesse des conseillers ; elle n'a nulle foi dans les promesses de ce prince de Bourgogne demeuré sourd à sa voix lorsqu'elle lui parlait de Dieu, de l'honneur et de la patrie. Elle a jugé Philippe et proclame qu'on ne peut avoir de paix avec lui « sinon par le bout de la lance. » Elle désapprouve hautement la conduite du roi et de son conseil, la trêve conclue avec un homme qu'elle estime un traître, et prie ses « parfaits amis, » ces bons bourgeois de Reims qui la vénèrent avec tant d'enthousiame, de l'aider à garder le roi contre sa propre folie. « Faites bon guet, et défendez bien la noble cité, « c'est-à-dire : » Méfiez-vous des Bourguignons et d'une surprise.

Elle ne sait « *si elle gardera la trêve* » dont elle est si mécontente ; sans doute elle prévoit que les Anglais vont en profiter pour se ravitailler et s'armer, ce qu'elle eût voulu empêcher à tout prix. Cette parole prouve une fois de plus combien Jeanne était indépendante de toute autorité, sauf celle de Dieu, puisqu'elle ne se croyait point engagée par une trêve conclue par le roi. Si elle l'observe, c'est égard et concession de sa part pour « garder l'honneur royal, » et nullement obligation de vassale, ou devoir du soldat.

LETTRE VI

Aux habitants de Riom pour leur donner avis de la prise de Saint-Pierre-du-Moustier et leur demander de lui venir en aide dans le reste de la campagne en fournissant des munitions à l'armée royale.

Après le licenciement de l'armée et l'échec de Paris, le roi étant à Gien, Jeanne ayant repris seule la guerre, et le conseil royal n'envoyant nul secours.

« A mes chers et bons amis les gens d'église, bourgeois et habitants de la ville de Riom.

Chers et bons amis, vous savez comment la ville de Saint-Pierre-du-Moustier a été prise d'assaut ; et avec l'aide de Dieu j'ai l'intention de faire vider les autres places qui sont contraires au roi. Mais pour ce que grande dépense de poudre, traits et autres habillements de guerre a été faite devant ladite ville, et que petitement les seigneurs qui sont en cette ville et moi en sommes pourvus pour aller mettre le siége devant la Charité où nous allons présentement, je vous prie, en tant que vous aimez le bien et l'honneur du roi, et aussi de tous les autres de par deça, que vous veuillez incontinent envoyer et aider pour ledit siége de poudres, salpêtre, soufre, trait, arbalètes fortes et autres habillements de guerre. Et faites tant que par fautes des dites poudres ou habillements de guerre la chose ne soit longue, et qu'on ne puisse vous dire en cela être négligents en refusant.

Chers et bons amis, Notre-Sire vous ait en sa garde.

Ecrit à Moulins, le neuvième jour de
novembre 1429.

Signé : JEHANNE.

Il y a trois mois du sacre et déjà Jeanne d'Arc est abandonnée de la cour, délaissée du roi qui n'est roi que par elle. Seule, à la tête de quelques braves elle a intrépidement entrepris de poursuivre l'œuvre de Dieu « son Seigneur droicturier, » et d'achever la délivrance de la France; mais les hommes lui font défaut, elle doit demander au zèle et à l'affection des villes françaises les secours que refuse le conseil royal. Ce secours presse, elle le demande au nom « du bien et de l'honneur du roi et *de tous les autres,* » c'est-à-dire de tous les Français qui sont menacés de retomber sous le joug étranger. Cette lettre est triste ; elle révèle d'un côté un héroïsme désespéré, de l'autre, un lâche abandon et de honteuses intrigues. Dans le conseil du roi, certains hommes sont prêts à perdre la France pour conserver leur influence.

LETTRE VII

Aux habitants de Reims, qui, menacés d'être assiégés, avaient demandé du secours au roi. Le roi se taisant, Jeanne promet son secours à elle.

« A mes très chers et bons amis, gens d'église, bourgeois, et autres habitants de la ville de Reims.

Très chers et bien aimés et bien désirés à voir, Jehanne la Pucelle a reçu de vous des lettres mentionnant que vous craigniez un siége. Veuillez savoir que vous ne l'aurez point si je *les* puis rencontrer, et si je ne les rencontre point et qu'ils aillent vers vous, fermez vos portes car je serai promptement chez vous ; et s'ils y sont je leur ferai chausser leurs éperons en telle hâte qu'ils ne sauront par où les prendre et leur destruction sera si prompte que ce sera bientôt. Autre chose ne vous écris pour le présent si ce n'est que vous soyez toujours bons et loyaux. Je prie Dieu de vous avoir en sa garde.

Ecrit à Sully, le XVIe jours de mars 1430.

Je vous manderais aucunes nouvelles de moi dont vous seriez joyeux, mais je crains que les lettres de soient prises en chemin et qu'on ne voie lesdites nouvelles.

Signé : J<small>EHANNE</small>.

On sent ici l'impatience et l'indignation de la guerrière devant l'inaction du roi. Elle ne nomme même pas les Anglais « si je *les* rencontre, » mais qu'importe ? ses amis de Reims la comprennent. Elle brûle d'ardeur de les secourir et elle est encore confiante en sa force, c'est-à-dire en la force de Dieu. Il y a une note douloureuse sous cette colère, contre les étrangers et cette virile menace de « leur faire chausser leurs éperons si vite qu'ils ne sauront par où les prendre. » « En avant ! Roland se désespère ! » s'écrie Charlemagne dans la chanson de Roland lorsqu'il entend le dernier appel du cor. Roland a pleuré Olivier, mais ses larmes ont coûté cher aux Sarrasins, et si le preux a succombé, c'est après avoir envoyé des milliers de mécréants aux enfers. En cette lettre, Jeanne se désespère à la façon de Roland, sa voix a dû trembler en la dictant, son front rougir et ses yeux lancer des éclairs. Eût-elle rencontré les Anglais, ils eussent payé cher les lâchetés de Charles VII, les perfidies de son conseil et les amères déceptions de la Pucelle.

LETTRE VIII

Aux mêmes, quinze jours après la lettre précédente, elle répond à une lettre des Rémois, les rassure, et leur annonce sa prochaine arrivée.

« Très chers et bons amis, qu'il vous plaise savoir que j'ai reçu de vous des lettres, disant qu'on a rapporté au roi que dans la bonne cité de Reims il y avait beaucoup de mauvais. Apprenez que c'est bien vrai qu'on le lui a rapporté, voirement qu'il y en avait beaucoup qui étaient d'une alliance et qui devaient trahir la ville et y faire entrer les Bourguignons.

Depuis, le roi a bien su le contraire parce que vous lui en avez envoyé la preuve. Il est très content de vous, et croyez que vous êtes en sa grâce. Si vous aviez à besogner il vous secourrait en ce qui est du siége, et il connaît fort bien que vous avez eu moult à souffrir par la dureté que vous font ces traîtres Bourguignons adversaires ; il vous en délivrera promptement avec le plaisir de Dieu, c'est-à-dire le plus tôt que faire se pourra. Je vous prie et requiers, très chers amis, que vous gardiez bien ladite bonne cité pour le roi et fassiez très-bon guet. Vous aurez bientôt de mes bonnes nouvelles plus complètement. Je ne vous écris autre chose à présent, sauf que toute Bretagne est française et que le duc doit envoyer au roi 3,000 combattants pour deux mois.

Je vous recommande à Dieu ; qu'il vous ait en sa garde.

Écrit à Sully le 28e de mars 1430.

On voit dans cette lettre que le conseil ne craignait pas d'user de calomnie pour empêcher le roi de suivre les avis de la Pucelle. Les « loyaux Français » de Reims avaient été noircis près de Charles VII, Jeanne dut prendre leur défense, lutter contre leurs accusateurs et démasquer l'intrigue ourdie par la Trémouille. Elle y réussit puisqu'elle apprend aux Rémois que le roi est détrompé.

Les bonnes nouvelles qu'elle leur promet ne sont autres que sa prochaine arrivée.

Le lendemain du jour où elle écrivit cette lettre, elle s'échappait en effet de la cour avec quelques amis dévoués. « Lasse de son rôle de parade, dit Wallon, et désolée de voir comment le roi et son conseil entendaient arriver en recouvrement du royaume. »

Elle se sépara de ces diplomates qui pour « ne coup férir » sacrifiaient l'honneur royal et luttaient de ruse avec

Bourgogne, et alla rejoindre les capitaines qui combattaient. Ses Saintes l'avaient avertie qu'elle serait faite prisonnière, avant la St-Jean, non pour l'arrêter dans sa marche, mais pour la préparer aux revers et au martyre. Jeanne n'a pas la pensée de reculer, il lui était en ce moment loisible de retourner à Domremy et de « filer près de sa pauvre mère, « au lieu de s'acharner à servir un prince qui ne l'écoutait plus. Mais la fille au grand cœur remplira sa tâche jusqu'au bout. Non pour le roi, non pour les hommes, mais pour Dieu, son seul Seigneur, et la France, son seul amour terrestre.

NOTE VIII

Jeanne d'Arc à l'armée

Il y a pour ainsi dire deux personnes à envisager en elle à cette époque : la guerrière et la femme.

La guerrière est l'égale en génie militaire des plus grands capitaines.— Ses compagnons admiraient en elle, non seulement le courage du chevalier ou le coup d'œil du grand capitaine, mais une science et comme une habitude de la guerre que le temps semble seul pouvoir donner. Le duc d'Alençon, qui, dans la campagne de la Loire, commandait à côté d'elle, et sous ses ordres, n'hésite point à constater par le récit des faits et à reconnaître expressément cette supériorité dont chacun s'étonnait.

« En toutes choses, dit-il, hors du fait de la guerre, elle était simple et comme une jeune fille ; mais au fait de la guerre, elle était fort habile soit à porter la lance, soit à rassembler une armée, à ordonner les batailles ou à disposer l'artillerie. Tous s'étonnaient de lui voir déployer dans la guerre l'habileté et la prévoyance d'un capitaine exercé par une pratique de vingt ou trente ans. *Mais on l'admirait surtout dans l'emploi de l'artillerie où elle avait une science consommée.* » (Wallon).

« Elle chevauchait toujours armée en habillement de guerre ainsi que les hommes de guerre de sa compagnie et parlait savamment de la guerre comme un capitaine sait le faire. Lorsque le cas advenait qu'il y eut en l'armée des cris ou de l'effroi chez les gens d'armes, elle venait, soit à pied, soit à cheval, aussi vaillamment qu'un capitaine de compagnie l'eut su faire, donnant cœur et hardiesse aux autres, les admonestant de faire bon guet et bonne garde en l'armée ainsi qu'on le doit faire. En toutes les autres choses elle était simple personne et de belle vie, et honnêteté. » (Tiré de la Sybille française.)

« C'était une nature pleine de vivacité et d'entrain, faisant pour sa part métier de soldat et de chef de troupes, et ne différant des autres que par ses vertus angéliques et ses inspirations divines. » (Wallon.)

— « La Pucelle, dit un contemporain, est d'une rare élégance, avec une attitude virile. Elle parle peu et montre une merveilleuse prudence dans ses paroles. Elle a une voix douce comme une femme, mange peu, boit peu de vin, elle se plaît à cheval sous une armure. Elle aime autant la société des gens de guerre et des nobles qu'elle aime peu les visites et les conversations du grand nombre ; elle a une grande abondance de larmes et le visage serein; infatigable à la peine et si forte à porter les armes que pendant six jours elle demeura complètement armée, jour et nuit. »

(PERCEVAL de Boulainvilliers.)

C'est à la guerrière que les chevaliers rendent hommage en se faisant faire des pennons ou drapeaux sur le modèle du sien, abandonnant leurs propres armoiries. Elle avait le rang et l'état de maison d'un comte et le soutenait sans vanité comme sans fausse humilité, avec la simplicité qu'elle mettait à toutes choses. Elle recevait des dons des plus grands seigneurs et des premières villes du royaume. Le duc de Bretagne lui envoya après Patay une dague et des chevaux de prix. Elle recevait courtoisement et donnait à son tour ; elle offrait des présents aux plus grandes dames en souvenir d'elle, sans chercher à lutter de richesse avec ses nobles amies et s'excusant avec grâce de la modicité de ses dons. Ses grandes largesses étaient pour les pauvres et les artisans.

Une princesse de Visconti écrivit à Jeanne pour qu'elle vînt la rétablir dans son duché de Milan, et sa lettre porte cette suscription.

« A très honorée et dévote Pucelle Jehanne, envoyée du roi des cieux pour la réparation et l'extirpation des Anglais tyrannisant la France. »

Parmi ces honneurs, Jeanne demeurait sans confusion comme sans orgueil, laissant honorer en elle l'envoyée de Dieu, mais ne se souciant d'autre estime que de celle de Dieu et de ses anges. « Elle affirmait que son œuvre n'était que ministère, et qu'elle ne faisait comme une humble servante autre chose que ce qui lui était commandé. Quand on lui disait que jamais en aucun livre on n'avait lu choses semblables, elle répondait :

« Messire a un livre où nul clerc n'a jamais lu si parfait qu'il soit en la cléricature. »

Les vertus et la piété de la femme étaient plus admirables encore en Jeanne que le génie guerrier. Apôtre parmi ses soldats, on l'a vue bannir tout désordre de ses troupes et faire mettre ordre aux consciences fort entamées des hommes d'armes ; sa piété personnelle lui donnait cet ascendant sur eux.

Elle passait souvent les nuits en prières, et au milieu de la cour et des camps se retirait à l'écart pour parler à Dieu. On la voyait verser des larmes à la messe, et lorsqu'elle recevait la communion ; elle aimait le son des cloches ; chaque jour, à l'heure du crépuscule quand les cloches sonnaient, elle se retirait dans les églises, et rassemblait les moines chapelains de l'armée pour chanter des hymnes à la Vierge. Elle faisait libéralement l'aumône, disant « qu'elle était envoyée pour la consolation des indigents et des pauvres. » Elle se confondait parmi les enfants des mendiants pour approcher des sacrements. Les blessés tant anglais que français étaient l'objet de la sollicitude de la Pucelle. « Un jour, un français ayant frappé à la tête et grièvement blessé un des prisonniers anglais qu'il avait en garde, Jeanne descendit aussitôt de cheval courut au blessé, lui soutint la tête, lui prodigua ses soins et le fit confesser et absoudre par un prêtre. »

Son angélique modestie imprimait à ses rudes compagnons un respect religieux. Jamais aucun d'eux n'osa l'offenser, même en pensée. Sa seule vue arrêtait les paroles légères, les blasphèmes et les railleries. D'Alençon, D'Aulon, Louis de Contes et Dunois en ont rendu témoignage.

La vénération populaire envers Jeanne d'Arc était telle que, de son vivant, on frappa des médailles à son effigie ou à ses armes, qu'on plaçait son image dans les églises, et qu'on la mentionnait dans les oraisons de la messe. L'accusation de sorcellerie empêcha ce culte de se continuer après sa mort. Quand la réhabilitation eut été prononcée, Jeanne était déjà, hélas! trop oubliée pour qu'on songeât à le reprendre.

NOTE IX

Texte de l'exemption d'impôts accordée aux habitants de Greux et de Domremy à la prière de Jeanne d'Arc.

« Charles, par la grâce de Dieu, roi de France, au bailli de Chaumont, aux élus et commissaires commis et à commettre, à mettre sus, asseoir et imposer les aides, tailles, subsides et subventions audit bailliage et tous nos autres justiciers ou officiers, ou à leurs lieutenants, salut et dilection !

Nous vous faisons savoir qu'en faveur et à la requête de notre bien-aimée Jehanne la Pucelle, et pour les grands, hauts, notables et profitables services qu'elle nous a rendus et nous rend chaque jour pour le recouvrement de notre seigneurie : Nous avons octroyé et octroyons de grâce spéciale par ces présentes aux manants et habitants des villes et villages de Greux et de Domremy, dudit bailliage de Chaumont en Bassigny dont ladite Jehanne est native, qu'ils soient dorénavant francs, quittes et exempts de toutes tailles, aides, subsides et subventions mises et à mettre audit bailliage.

Donné à Chinon le dernier jour de juillet, l'an de grâce 1429, le 7e de notre règne.

Pour le roi en son conseil.

Signé : BUDÉ.

NOTE X

LES COMPAGNONS D'ARMES DE JEANNE D'ARC

Jean d'Alençon

Jean, duc d'Alençon, prince du sang, que Jeanne nommait son « gentil duc, » et qu'elle avait promis à sa femme de « ramener sain et sauf, avait vingt ans à peine quand il devint l'auxiliaire de la Pucelle. Doué d'une vive intelligence et d'une brillante valeur, il assista Jeanne avec un grand dévouement, et partageait ses plans de guerre. Nous l'avons vu emmener la moitié de l'armée sous les murs de Paris, de concert avec la Pucelle, sans le consentement du roi. Après la mort de Jeanne, il fut un de ceux qui menèrent le plus activement la campagne contre les Anglais. Agé de 47 ans lors du procès de réhabilitation, il vint y déposer et son témoignagne compte entre les plus élogieux pour Jeanne d'Arc. La fin de sa vie répondit mal au commencement. Il conspira contre Charles VII, fut arrêté et emprisonné. Louis XI le gracia, mais de nouveaux complots attirèrent sur lui la sévérité royale ; condamné à mort puis gracié de nouveau, il ne sortit de prison qu'en 1476 pour mourir peu de temps après.

Jean de Dunois

Jean, comte de Dunois et de Longueville, dont la bravoure est demeurée célèbre fut un des constants amis de Jeanne d'Arc. Ce fut lui qui la reçut à Orléans « bien joyeux de sa venue. » Il partageait son impatience de combattre et la soutenait contre la mauvaise volonté du conseil. A Patay, il contribua brillamment au gain de la bataille.

En 1432, après la mort de Jeanne, il réduisit à l'obéissance royale la ville de Chartres, et en 1436 ce fut lui qui reprit Paris aux Anglais.

La prédiction de Jeanne fut ainsi accomplie par un de ses meilleurs amis. Dunois se distingua en outre aux sièges d'Harfleur, de Gallardon et de Dieppe. En 1444 le roi le nomma lieutenant-général : investi de cette haute dignité il expulsa entièrement les Anglais de la Normandie ; en 1450 il les chassa de la Guyenne, leur dernier rempart. Sous Louis XI, Dunois mécontent du monarque entra dans la ligue des grands vassaux, dite du Bien-Public ; mais la Ligue dispersée, le roi l'eut en faveur et le nomma président d'un conseil de réformation pour le réel bien public. Le nom de Dunois est demeuré synonyme d'honneur, de bouillant courage et de chevalerie. Il mourut le 26 novembre 1468.

Arthur de Richemont

Arthur de Bretagne, comte de Richemont et connétable de France, était disgracié par le roi au moment où Jeanne vint à la cour. Son caractère impérieux et altier joint à la haine de la Trémouille avait causé son bannissement. Demeuré fidèle à Charles malgré son exil, il combattit les Anglais en

Poitou avec des hommes d'armes à sa solde, jusqu'au moment où Jeanne l'accueillit à l'armée malgré le conseil et lui prêta son appui pour le réconcilier avec le roi. Mais il ne put garder longtemps la paix avec la Trémouille. Au moment de la captivité de Jeanne, on voit avec stupéfaction le roi qui n'avait rien tenté pour la sauver, trouver de l'argent et des troupes pour soutenir la Trémouille dans sa querelle contre Richemont... Or, pour délivrer Jeanne, il eût suffi de prêter main-forte à Richemont au lieu de le combattre. Pendant tout l'hiver de 1430 à 1431, Richemont guerroya sur les frontières de la Normandie, et La Hire qui occupait Louviers, tenait ainsi Rouen en échec. Nul doute que le désir de ces braves capitaines n'eut été de délivrer la prisonnière. La Hire ayant été capturé dans une sortie ne fut remis en liberté qu'après la mort de Jeanne.

Les efforts de Richemont pour reprendre la Normandie en ce moment sont la seule trace d'une tentative en faveur de la Pucelle. Quelque temps après, le connétable exaspéré de sa lutte perpétuelle avec la Trémouille, fit enlever le favori presque sous les yeux du roi, et tout en lui laissant la vie, lui interdit à tout jamais l'accès de la cour. Tout puissant alors, et aidé de Dunois, il chassa les Anglais de Normandie et de Guyenne. Sa réputation d'habile général et de capitaine expérimenté égale presque celle de Bertrand du Guesclin, son compatriote. En 1457 Richemont hérita du duché de Bretagne par la mort de son frère Pierre, et lui succéda au trône ducal sous le nom d'Arthur III. Il mourut l'année suivante.

La Hire et Xaintrailles

Il est impossible de séparer ces deux noms : Etienne de Vignoles, surnommé La Hire à cause de son humeur rude et belliqueuse(1), et Jean Poton, seigneur de Xaintrailles, sont aussi célèbres par leur amitié que par leurs exploits. Tous deux étaient Gascons, et tous deux capitaines d'aven-

(1) La Hire vient d'un vieux mot français qui signifie le grondement d'un chien en colère.

ture, accomplissant des prouesses à peine croyables à la tête d'une poignée de partisans. Au moment où Jeanne parut, ils guerroyaient à leur guise, n'obéissant à nul chef, ne faisant partie de nulle armée régulière, mais harcelant, l'ennemi sans relâche. Ce qu'étaient leurs soldats et comment ils entendaient la discipline est peint au vif par le mot de la Hire à Jeanne d'Arc : « Empêcher des soldats de piller ! mais, Jeanne, si Dieu le Père était homme d'armes, il serait pillard ! »

Malgré cette profonde conviction du chef de bande, Jeanne réforma l'armée, envoya La Hire à confesse, et obtint de lui de ne plus jurer si ce n'est : « Par mon martin ! »

On voit quelle influence, elle avait su prendre sur ces hardis capitaines. Ils lui furent fidèles jusqu'au bout. Combattre aux côtés de la vaillante Pucelle leur plaisait mieux que négocier avec Bourgogne comme le conseil royal. Xaintrailles fut fait prisonnier à Compiègne avec Jeanne ; pendant le procès de Rouen, nous trouvons La Hire enfermé dans Louviers, en Normandie, menaçant Rouen où l'on juge « la brave chevalière. »

Ayant été capturé dans une sortie, il ne fut rendu à la liberté qu'en 1432.

Il recommença alors avec Xaintrailles la guerre de partisans que tous deux savaient si bien conduire. Ils battirent les Anglais à Gerberoy (1435) portant le ravage jusqu'aux portes d'Arras où l'on négociait la paix. Pris encore et remis en liberté en 1437, La Hire accompagna Charles VII entrant à Paris. Il mourut à Montauban en 1442. Xaintrailles à qui l'on avait dû, à Patay, la capture de Talbot dont il n'exigea nulle rançon, survécut vingt ans à son frère d'armes.

Il aida les Français à reprendre la Guyenne (1450), fut fait maréchal de France (1454), et mourut à Bordeaux en 1461.

La Hire est resté célèbre par sa franchise brutale et originale. C'est lui qui dit à Charles VII lui montrant les apprêts d'une fête :

— « Morbleu, sire ! on ne saurait perdre plus gaiement son royaume. »

Une autre fois rencontrant un prêtre sur un grand chemin et n'ayant pas le loisir de s'arrêter, il demanda l'absolution, confessant avoir fait : « Tout ce que les hommes d'armes ont accoutumé de faire. »

Avant d'aller au combat il adressait à Dieu cette prière naïve, confiante et singulière :

« Mon Dieu, je te prie de faire aujourd'hui pour La Hire, ce que tu voudrais que La Hire fît pour toi s'il était Dieu et que tu fusses La Hire. »

Sous la familiarité de la forme, il y a un grand accent de foi. Le nom de La Hire est demeuré populaire tant à cause de son courage qu'à cause de ses bons mots. Il n'est pas le type du chevalier mais celui du « *vieux grognard,* » type qui plaira toujours aux Français.

Jehan d'Aulon

Le chevalier Jehan d'Aulon, écuyer et maître d'hôtel (1) de Jeanne d'Arc; avait déjà dépassé la cinquantaine quand on lui confia la garde de la Pucelle. Il sut se montrer digne d'un tel poste et nous le voyons partout aux côtés de Jeanne. Il fut fait prisonnier avec elle à Compiègne. Jeanne lui témoignait une grande confiance et une filiale amitié. Il lui demanda une fois si elle ne pouvait « lui faire voir aussi ses frères du Paradis, » ce qui prouve qu'elle lui parlait souvent de ses visions. A cette requête la Pucelle répondit qu'elle ne pouvait le satisfaire, Dieu seul étant le maître d'envoyer ses messagers à

---

(1) Maître d'hôtel signifiait alors maître et gouverneur de la maison militaire d'un chevalier.

qui lui plaît. D'Aulon n'insista pas, et ne renouvela jamais sa demande. Au procès de réhabilitation, d'Aulon, alors un vieillard, vint déposer avec émotion des vertus et de la piété de celle qu'il n'avait jamais quittée tant qu'elle fut commise à sa paternelle vigilance. Il devint conseiller du roi et sénéchal de Beaucaire et mourut chargé d'années.

Louis de Contes

Louis de Contes avait quinze ans lorsqu'il fut donné pour page à Jeanne d'Arc (Tours, avril 1429.) Il s'était déjà trouvé près d'elle à la tour du Coudrai (lieu où elle logeait à Chinon.) Il avait sans doute été témoin de son arrivée et de sa première entrevue avec le roi, témoin aussi de ses larmes et de ses prières, quand elle demandait à Dieu « de faire que le roi la crût. » Il a dit au procès de réhabilitation que, « de grands personnages venaient voir Jeanne en la tour du Coudrai, attenante au château de Chinon ; qu'elle répondait à leurs questions ; mais que lorsqu'elle était seule, elle se jetait à genoux, priait et pleurait. »

Ses fonctions l'obligeaient à un service continuel près de la personne de Jeanne, sous la direction de Jehan d'Aulon.

Page d'honneur de la Pucelle, il l'aidait souvent à s'armer, lui amenait son cheval au moment du combat, portait son étendard lorsqu'elle ne l'avait pas à la main, et la suivait sur le champ de bataille si avant qu'elle se jetât dans la mêlée. Nous avons vu Jeanne le réprimander vivement à Orléans : « Sanglant garçon ! vous ne m'étiez pas venu dire que le sang de France fût répandu ! » Louis de Contes ignorait comme elle qu'on se battît sous les murs de la ville ; mais qu'on juge de l'état d'esprit de la Pucelle, éveillée par ses voix, avertie que le « sang de France est répandu, que le sang de ses gens coule à terre, « s'armant en toute hâte et trouvant le « sanglant garçon » se divertissant tranquillement à la porte du logis avec l'hôte et l'hôtesse qu'il amusait de ses récits ! Quelques minutes après, Louis de Contes rejoignait Jeanne au plus épais des Anglais. C'était la première fois qu'il la voyait à l'œuvre et nous oserions affirmer que la leçon lui profita et qu'il ne s'attira plus de reproches par son insouciance pour le sang français. Est-ce de Louis de Contes ou de son compagnon Raymond que parle Guy de Laval lorsqu'il nous dépeint « un gracieux page portant l'étendard de la Pucelle » ? Nous ne savons, mais c'est une fonction que Louis dut remplir plus d'une fois.

Lorsque Jeanne est blessée au fort des Tourelles, son page est là pour aider d'Aulon à la relever. Il est là encore à Patay où elle crie : « En avant ! quand ils seraient pendus aux nuages, nous les aurions ! » il est là au sacre, où le titre de page de la Pucelle ne doit pas le rendre médiocrement fier. Il accompagne Jeanne aux églises où elle prie et la voit distribuer ses aumônes. Deux années passées à une telle école d'honneur, de courage et de dévouement, dans l'intimité de la Fille au grand cœur, firent sur le jeune Louis une profonde impression et décidèrent peut-être de toute sa vie. Il avait 42 ans lorsqu'il parut au procès de réhabilitation. Ses dépositions précises, détaillées, minutieuses, prouvent qu'il n'avait rien oublié de ces deux années de son adolescence. Il sut conserver vivante et fidèle en sa mémoire l'image de celle qu'il avait aimée comme une sœur, vénérée comme une sainte, suivie à travers les périls et les combats comme son chef et son capitaine, et dont il avait appris l'amour de Dieu et l'amour de la patrie.

Jean Pasquerel

Frère Jean Pasquerel, religieux Augustin, fut l'aumônier et le confesseur de Jeanne tant que dura sa vie militaire.

Cette âme angélique ne lui a laissé qu'admiration et respect.

Il paraît en 1456 au procès de réhabilitation. On y voit aussi paraître les dominicains Isambard de la Pierre et Martin l'Advenu qui assistèrent Jeanne à sa dernière heure. Ils éprouvent pour la martyre le même sentiment de vénération que Jean Pasquerel éprouve pour l'héroïne.

René d'Anjou

Parmi les compagnons et les admirateurs de la Pucelle, citons René, duc de Bar, de Lorraine et d'Anjou, roi de Sicile et d'Aragon, connu sous le nom du « bon roi René. »

Comme duc de Bar il avait été contraint en 1428 de faire trêve avec les Anglais et de rendre hommage à Henri VI. Au bruit des victoires de Jeanne, le jeune duc s'échappa de la cour où il était épié et surveillé comme un captif et vint rejoindre Charles VII. Il était présent au sacre, et le 3 août, nous le voyons déclarer à Bedford qu'il lui retire l'hommage et la soumission que les Anglais lui avaient arrachés par la force des armes, et qu'il reconnait pour légitime suzerain Charles VII. La reine Marie d'Anjou était la sœur de René. Charles VII avait passé la plus grande partie de son enfance au château d'Angers où la reine Yolande d'Aragon, mère de René et de Marie, prit soin avec une sollicitude maternelle du fils délaissé d'Isabeau de Bavière. Charles fut marié plus tard à Marie d'Anjou et conserva pour sa belle-mère la plus tendre affection. Yolande, femme énergique et d'une intelligence virile, joua un rôle politique dans les conseils royaux. Son influence, secondée par sa douce et charmante fille, la reine de France, était opposée à celle de la Trémouille. Yolande et Marie décidèrent le roi à recevoir Jeanne d'Arc et eurent avec la Pucelle les relations les plus affectueuses, la soutenant de tout leur pouvoir. Quand Richemont fit enlever La Trémouille de la cour, Yolande d'Aragon eut connaissance de cet acte hardi et l'approuva. René d'Anjou demeura toute sa vie fidèle à la France et à son roi. Prince d'une loyauté chevaleresque, d'une libéralité et d'une bonté sans exemples, doué des brillants talents du peintre et du poète, il manquait de clairvoyance politique et de fermeté dans son gouvernement. Ses nombreux domaines lui furent enlevés les uns après les autres. Chassé de Naples par la trahison, il se réfugia en Anjou où son nom est demeuré populaire. Il y sema les bienfaits, y multiplia les écoles et les églises, y donna de splendides fêtes, y attira des savants de tous les points du monde.

Louis XI profita des embarras militaires et financiers de René pour s'emparer de l'Anjou, ou plutôt le capter. René se retira en Provence, son dernier domaine, et y mourut après une longue vieillesse. Il avait perdu un fils qui donnait les plus belles espérances. Ses deux filles, Marguerite et Yolande d'Anjou, épousèrent : Yolande, Ferry duc de Lorraine, Marguerite, Henri VI, roi d'Angleterre. Elle fut l'héroïne de cette longue et sanglante guerre des deux Roses qui désola si longtemps l'Angleterre. L'énergie qu'elle déploya pour défendre les droits de son mari imbécile et prisonnier et de son fils enfant l'a fait surnommer « la lionne d'Anjou. »

René, fils de Yolande et de Ferry hérita du duché de Bar et de Lorraine.

NOTE XI

Arrivée de Richemont à l'armée de Jeanne d'Arc.

Cette arrivée a été racontée de diverses manières. Plusieurs ont prétendu que Jeanne, par obéissance au roi, ne voulait pas recevoir le connétable et se prépara à l'aller combattre. La Hire et quelques autres lui auraient dit

« qu'elle trouverait à qui parler ; qu'il y en avait dans la compagnie qui seraient plutôt à lui qu'à elle, et qu'ils aimaient mieux un connétable que toutes les pucelles du royaume. »

Cette version est complètement fausse. Jeanne n'obéissait qu'à ses voix, on l'a vu ; quand elle emmena d'Alençon et la moitié de l'armée sous Paris sans prévenir Charles, elle a manifesté assez son indépendance pour qu'on ne lui donne point ici le rôle d'une vassale obéissant aveuglement.

Voici la vérité d'après le duc Jean d'Alençon, témoin et acteur du fait :

« Richemont retiré dans sa seigneurie de Parthenay ne se résignait point à l'inaction à laquelle le condamnait la jalousie de La Trémouille. Après l'arrivée de Jeanne, quand on alla au secours d'Orléans, le connétable voulut en être et leva une troupe qui ne comptait pas moins de 400 lances et de 800 archers. Mais comme il était à Loudun le roi lui fit dire de s'en retourner, que, *s'il passait outre on le combattrait.* »

(On reconnaît ici l'esprit de La Trémouille).

Le connétable dut s'arrêter. Quand il sut qu'on recommençait une campagne sur la Loire, il reprit sa marche et, apprenant qu'on faisait le siège de Beaugency, il y alla.

L'arrivée de Richemont était mal vue des chefs. D'Alençon, lieutenant-général de l'armée, avait reçu les ordres du roi ; et (c'est lui-même qui le dit) il déclara à Jeanne que si le connétable venait, lui, d'Alençon, s'en irait... Jeanne, étrangère aux cabales de cour et aux dissensions personnelles des chefs, joua un rôle de conciliation.

« Elle, qui cherchait si peu l'aide des hommes, elle dit au duc d'Alençon qu'il fallait s'aider ; et elle régla les formes de l'accord : car elle seule paraissait avoir assez de crédit pour le faire goûter de Charles VII. A la prière du connétable et des seigneurs, elle se chargea de ménager la paix de Richemont avec ce prince. Le connétable jura devant elle et devant les seigneurs qu'il servirait toujours loyalement le roi ; et le duc d'Alençon et les autres chefs se portèrent garants de sa réconciliation. » (Wallon).

Que penser d'un prince manquant d'argent et de soldats pour faire face à l'ennemi et employant ses lieutenants à combattre et repousser son connétable pour le seul fait que Richemont était l'ennemi de la Trémouille et que sa rudesse déplaisait au roi ? Et de quelle tristesse ne devait pas se sentir saisi le grand cœur de la Pucelle en face de ces misérables jalousies et de ces mesquines querelles qui compromettaient son œuvre et mettaient la France en péril !

NOTE XII

Mission de Jeanne d'Arc

Trois questions se présentent ici.
1º La mission de Jeanne fut-elle surnaturelle ?
2º Quelle était son étendue ?
3º La remplit-elle entièrement ?

I

La mission de Jeanne fut-elle surnaturelle ?

Nous n'écrivons point ici pour les athées. Il est clair que des hommes qui ne croient pas en l'existence de Dieu nieront toujours que Jeanne fut inspirée de Dieu. Suivant eux, elle seule se donna sa mission, elle seule conçut cette idée étrange de se présenter au roi pour conduire la guerre au lieu et place de tant d'habiles capitaines; le roi la crut on ne sait comment, lui donna des soldats et elle se montra d'emblée plus savante en l'art de la guerre que Richemont et Dunois.

Comment cette science lui était-elle venue ? c'est ce qu'ils n'expliquent pas. Mais Jeanne a affirmé avoir des visions ; a-t-elle donc menti ? Ils répondent que non ; qu'elle fut *hallucinée,* crut voir et entendre quand elle ne voyait ni n'entendait, et que ses affirmations à ses juges étaient de bonne foi. Les anglais disaient Jeanne sorcière en haine de la France, les athées et les francs-maçons la disent « hallucinée » en haine de Dieu. Ils sont de la même école et ne diffèrent que par la forme de l'insulte et de la négation. Ceux-là prétendent aussi que le monde s'est créé de lui-même « par la force expansive de la matière, » et que l'homme fut successivement caillou, plante, chien et singe avant d'être ce qu'il est. Pour nous qui repoussons absolument l'absurdité d'un monde se créant tout seul et le désagrément d'avoir des singes pour grands-parents, nous n'avons même pas à discuter avec cette sorte d'historiens, nous parlons ici à des êtres raisonnables composés d'un corps et d'une âme, âme baptisée laquelle croit en Dieu et en sa propre immortalité.

Dieu existe ; il a créé « les choses visibles et invisibles, » dit le symbole de Nicée ; les « choses visibles, » c'est le monde qui nous entoure et le corps de l'homme, les choses invisibles, ce sont les anges et l'âme de l'homme. Il y a deux mondes distincts, mais non opposés ; l'homme placé entre les deux tient des deux et communique avec les deux : avec le monde matériel par son corps, avec le monde immatériel par son âme. C'est ce que nul ne peut contester.

Les anges ont été créés « pour adorer Dieu et exécuter ses ordres. » Que ces ordres divins les aient souvent amenés près des mortels, c'est un fait qui se rencontre à chaque page de la Bible, de l'Evangile et de la Vie des Saints. Que Dieu communique avec sa créature par le ministère de l'ange, c'est ce que l'Eglise pose en principe par la croyance aux anges gardiens.

Parmi ces anges, plusieurs ayant été infidèles à Dieu, furent bannis du ciel, précipités en un lieu de tourments où ils tâchent de nous faire tomber après eux. Ce sont les démons, leur existence est aussi hors de doute.

Pour qui admet ces bases premières, qu'y a-t-il donc d'inadmissible dans la mission de Jeanne ? Le fait se présente avec une grande simplicité. Dieu envoie un ange porter ses ordres à une âme sainte, lui confier une mission sacrée, et lui promettre son aide en toutes ses actions, si elle lui demeure fidèle. Rien là d'inusité de la part de Dieu. Choisir un être faible pour montrer sa puissance et manifester que c'est lui qui agit, est ce que nous oserions appeler une habitude divine. Sainte Catherine de Sienne reçut ainsi du ciel mission de ramener la papauté à Rome, d'Avignon où le Saint-Siège s'était exilé, et l'éloquence de l'ignorante fille du teinturier de Sienne fut telle qu'elle y réussit. A la Bienheureuse Marguerite-Marie est donné commandement de révéler au monde entier la dévotion au Sacré-Cœur, et l'humble religieuse y parvient du fond de son cloître, à travers tous les obstacles.

De ces deux missions, à la vérité, l'une est exclusivement toute de piété ; l'autre, avec un côté politique et humain, n'en a pas moins pour but l'Eglise et la Chaire de saint Pierre. Dans la mission de Jeanne, ce qui fait hésiter plusieurs à admettre l'intervention divine, c'est le caractère particulier, *laïque* dans le bon sens du mot, du but poursuivi par la Pucelle : Le salut de la France. On reconnaît volontiers que Dieu gouverne directement les affaires religieuses et y manifeste son action par des prodiges et des miracles; mais, dans les affaires terrestres, nous sommes surpris de rencontrer la main du Maître. Étant accoutumés à les considérer comme « de notre ressort », il semble que Dieu empiète sur nos droits quand lui arrive d'y paraître sans notre intermédiaire. Il y a là erreur quant au fond, car le domaine de Dieu sur sa créature est souverain et s'étend à tout. Pourtant il est vrai que Dieu respecte notre liberté et intervient surnaturellement plus rarement dans les affaires temporelles que dans les choses spirituelles. Mais quoi !

allons-nous demeurer incrédules parce que Dieu a fait pour nous ce qu'il n'a fait pour aucun peuple ?

Est-ce à nous, Français, de lui refuser notre foi quand le prodige qui nous étonne se résume en ce mot : « Dieu a tant aimé la France ! »

Oui, Dieu a aimé la France entre toutes les nations ! il l'a estimée assez précieuse pour la traiter comme il traite son Eglise ; pour faire de la cause française sa propre cause ; du salut de la France une œuvre, non plus humaine et politique, mais sainte et sacrée. Il a envoyé ses anges et ses saints à la défense de cette nation chérie, et, en servant sa Patrie, Jeanne d'Arc sert en même temps, personnellement et directement, le Dieu qui l'inspire. Qu'on se souvienne de ses paroles : « Guerroyer contre le saint royaume de France, c'est guerroyer contre le roi Jésus, roi du ciel et du monde. »

« Sire, après votre sacre, vous serez *le lieutenant de Dieu qui est le roi de la France.* »

« Anglais, faites justice au roi des cieux *de son sang royal*, et si vous ne le faites, on verra bien à la bataille *qui aura meilleur droit du Dieu du ciel ou de vous.* »

Le crime que lui reprochèrent les Anglais fut d'avoir identifié la cause de la France avec celle de Dieu. Ils lui demandaient si « Dieu haïssait les Anglais » ; ils s'irritaient de ce que « les saintes ne parlaient pas anglais. » S'ils voulaient arracher à Jeanne l'aveu mensonger qu'elle était inspirée du démon, c'est que leur orgueil se soulevait à la pensée que « Dieu avait combattu contre l'Angleterre, » et si Jeanne brava les flammes du bûcher ce fut pour ne pas séparer Dieu de la France, ni la France de Dieu. « Vive le Christ, qui aime les Francs ! » Voilà la seule parole que nous trouvons en face de cette prédilection divine pour nous.

Pourquoi le Christ aime-t-il ainsi les Francs ?

Pourquoi ? peut-être parce que la France est la première née du Christianisme parmi les nations modernes ; parce que « la fille aînée de l'Eglise » a combattu fidèlement et intrépidement pour les droits de sa mère ; qu'elle été le boulevard du catholicisme en Europe ; parce qu'elle a toujours repoussé l'hérésie et a préféré de sanglantes guerres à la paix dans l'apostasie ; peut-être aussi parce que Dieu, l'avait choisie pour être son soldat et son apôtre (l'amour divin devance toujours le nôtre); parce qu'il prévoyait quelle légion de missionnaires et d'Ordres voués à la charité elle devait envoyer chez les autres peuples ; et le rôle de chef des nations catholiques qu'elle devait jouer; peut-être enfin parce que le cœur de la France attirait le sien. Il ne nous convient guère de vanter en ce moment notre malheureux pays; mais si d'un côté, tout ce qui s'éloigne de Dieu s'abîme dans la fange, tout ce qui a été trempé dans une pensée chrétienne se relève et s'anime au combat. La France est comme l'enfant prodigue ; elle a dissipé son bien, étourdi le monde du bruit de ses folies ; ses sages et vertueux frères comptent posséder seuls la maison paternelle et s'éloignent de sa ruine et de sa misère.

Attendez ! Le « je me lèverai » est déjà prononcé. Ce n'est point la parole d'un cœur vulgaire et bas, mais d'un cœur égaré que sa honte réveille... Je me lèverai et j'irai à mon père ! » et le frère économe et docile verra avec stupeur le père s'élancer au devant de son enfant perdu et retrouvé, le serrer dans ses bras, et ordonner qu'on lui rende sa robe d'innocence, et ses privilèges passés. Pourquoi encore ? C'est qu'il a été capable de « se lever et de revenir à son père ! » lorsque tant d'autres eussent succombé sous leur dégradation.

Nous le croyons fermement : le Christ aime les Francs ! voilà le secret de la mission de Jeanne d'Arc du côté du ciel.

Du côté de la terre, cherchons les preuves historiques de la sainteté de cette mission. L'Eglise veut que tous les fidèles croient que Dieu a le pouvoir d'opérer des miracles, mais elle impose très rarement à leur foi de croire en tel ou tel miracle en particulier. Il faut se fier pleinement à Dieu, mais il faut se défier des hommes. Dans le cas qui nous occupe, l'Eglise n'a rien prononcé, sinon que Jeanne fut innocente de toute sorcellerie, et la discussion demeure entièrement libre. C'est en étudiant le caractère et les actions de Jeanne d'Arc que nous trouverons les preuves du surnaturel de sa mission.

1º Elle fut une mission extraordinaire et sans autre exemple.

2º Elle fut affirmée énergiquement par Jeanne.

3º Elle fut soutenue par le caractère de Jeanne.

4º Elle réussit complètement.

1º Et d'abord, ce fut une mission extraordinaire. Ce n'était pas la première fois qu'une femme combattait pour son pays ; mais jamais une femme ne prit les armes dans de telles conditions.

On avait vu à la tête des armées une Jeanne de Montfort ou de Penthièvre, princesse soutenant les intérêts de son époux ou de ses enfants, se faisant obéir par droit de naissance et traitant avec les princes d'égal à égal. On avait vu dans des villes assiégées, des femmes courir aux remparts et seconder en désespérées la cause de leurs frères. Ici, rien de pareil ; Jeanne a une vie paisible, ses foyers ne sont en envahis ; son projet ne peut donc naître du désespoir et de l'exaltation.

Elle n'est qu'une pauvre fille sans naissance, sans influence, obscure vassale d'un petit hobereau, comment songer à se faire écouter du roi et obéir des princes ? L'accueil de Beaudricourt montre assez ce qu'elle en devait attendre. Enfin Jeanne est jeune et presqu'une enfant ; son esprit simple et non cultivé n'est pas mûri ; son caractère n'a pas atteint la plénitude de la force et de l'énergie ; « à cet âge, la jeune fille tremble devant le regard de sa mère, » et cette enfant veut obtenir du roi de commander en personne à son armée ! Une telle idée ne peut venir que d'une folle, ou d'une inspirée d'en haut. Humainement parlant ce projet est le plus extravagant qui se puisse concevoir, surtout dans les circonstances où il se présente. Le roi que Jeanne veut secourir n'a ni argent, ni soldats, ni caractère. Son royaume est envahi, il désespère de conserver la dernière ville qui lui reste, et son entourage en désespère comme lui. Jeanne aura à créer une armée, à se faire obéir d'orgueilleux princes, respecter de grossiers capitaines, à donner du courage aux timides, de la résolution aux indécis, du dévoûment aux égoïstes, à lutter contre les rancunes personnelles et les rivalités de parti ; et pour dompter la cour et dominer l'armée quel est son prestige ? Le seul nom de Dieu. En dehors de Dieu, rien !

Une seule explication de ce fait est admissible. Jeanne fut soutenue par la foi que ce qui impossible à l'homme est possible à Dieu.

2° Que Jeanne ait énergiquement affirmé sa mission, on ne peut le nier. Chaque mot de ses lettres, chaque parole de ses lèvres l'atteste.

« Je suis envoyée de par le Roi des Cieux, mon droicturier et souverain Seigneur, » répète-t-elle constamment. A Poitiers elle révèle ingénument aux docteurs toutes les circonstances des ambassades divines, disant qu'elle « est née pour sauver la France. » Au procès, en face des juges, alors qu'un démenti la sauverait, quelle est sa première parole ? « Je suis envoyée de Dieu et n'ai rien à faire ici. Renvoyez-moi à Dieu d'où je suis venue ! »

Elle résiste sur ce point aux menaces comme aux promesses : « Si je disais que Dieu ne m'a pas envoyée, je me damnerais, car c'est la vérité que Dieu m'a envoyée. »

On déploie devant elle l'appareil de la torture : » Quand vous me devriez faire partir l'âme du corps, je ne dirais autre chose que ce que j'ai dit : Dieu m'a envoyée. »

On surprend sa bonne foi, et on lui extorque une signature contre ses révélations ; dès le lendemain elle s'écrie : « Je ne sais ce qu'on m'a fait signer, si j'ai dit quelque chose contre ma mission, je le démens. J'aime mieux mourir que de renier la vérité. Dieu m'a envoyée ! »

Enfin au milieu des flammes, à l'heure suprême où se déchirent les voiles, le dernier mot qu'on entend sortir de la bouche de Jeanne, devant dix mille témoins, c'est ce cri : « Oui, mes voix étaient de Dieu ! mes voix ne m'ont pas trompée ! »

Que si l'on répète ici le mot de hallucination, nous demanderons qu'on nous cite l'exemple d'une autre hallucination inspirant un tel courage et une telle foi, et se faisant confesser au milieu des tourments. Il n'y a pas à s'y méprendre ; la vérité seule arrache de telles attestations et produit une telle constance. Il faut croire « à des témoins qui se font égorger. »

3º Le caractère de Jeanne la défend, au reste, contre tout soupçon d'imposture ou de folie. Jamais loyauté plus grande n'a existé dans une âme de chevalier ; elle ignore le moindre détour ; elle répond avec une franchise complète aux docteurs de Poitiers, aux juges de Rouen. Alors qu'un mot *trop vrai* peut causer sa perte elle n'a pas la pensée de le retenir. Quand elle parle aux Anglais, nulle diplomatie, nulle adresse, nulle promesse ; une sommation d'abandonner la France et un avertissement que s'ils ne le font, elle les « boutera dehors. » Voilà son art en négociations. Pour se faire croire et écouter, elle n'a qu'une parole : « Tel est bon plaisir de Dieu, » et c'est avec ce mot qu'elle conduit les hommes et entraîne les soldats. Nature simple, candide, semblable à celle de Nathaniel de l'Évangile, « *en lequel il n'y avait point de fraude*, » la Pucelle a tiré toute sa force de sa fidélité à la vérité. Nous ne ferons que rappeler ici ses autres vertus, sa piété de sainte, sa pureté d'ange, sa simplicité d'enfant, sa charité prodigue envers les pauvres et les faibles ; cette ardente bravoure et ce mépris de la mort qui l'emportaient aux premiers rangs des soldats, et cette touchante horreur du sang versé qui lui défendait de frapper l'ennemi. La force d'âme et la persévérance qui lui firent vaincre tous les obstacles, le dévoûment avec lequel elle servit comme malgré lui un prince ingrat, et le désintéressement qui ne rechercha nulle récompense de tels services. Son humilité est exquise et de l'ordre le plus élevé. Les saints, au début de leur sainteté, fuient les éloges, repoussent les hommages, s'effraient des témoignages de reconnaissance et d'admiration ; à la fin de leur vie, on les voit au contraire tout accepter, tout recevoir, et dire à ceux qui s'en étonnent : « Est-ce que vous croyez que tous ces gens pensent à moi ? »

Le sentiment du *moi* est anéanti ; l'œil de l'amour propre éteint en eux. Jeanne a débuté par où de grands saints ont fini, et son humilité a toujours eu cette forme simple et parfaite. Elle laisse baiser ses mains et ses vêtements, elle accepte de riches habits, elle consent à occuper au sacre le premier rang, mais elle est indifférente à tout cela ; et ne fait que se prêter à la volonté présente de Dieu. Quand ses juges lui reprochent d'avoir supporté l'empressement des pauvres, elle n'a d'autre réponse que celle-ci : « Je m'en défendais bien, mais les pauvres gens venaient à moi parce que je ne leur faisais point de mal, et les assistais suivant mon pouvoir. » La triomphatrice de Reims n'a même pas la pensée que ses exploits soient pour quelque chose dans ce grand amour du peuple. La vénération qu'on lui témoigne s'adresse, selon elle, à Dieu qui l'a envoyée et dont elle n'est que le docile instrument.

On ne lui voit jamais un mouvement d'orgueil, jamais non plus le désir de la richesse ou des honneurs. Une femme ordinaire, inspirée par des motifs humains, eût trouvé tout simple, de solliciter une récompense bien légitime, d'obtenir du roi soit des terres avec des titres de noblesse, soit la fortune, soit l'avancement des siens. Jeanne ne demande rien aux hommes, mais elle conjure ses saintes d'assurer le « salut de son âme. » Le mot d'imposture est un blasphème en face de ce noble caractère, pur comme le diamant et dont l'éclat suffit pour réduire à néant toute calomnie et tout soupçon.

Que Jeanne ait été hallucinée, c'est ce qu'on ne peut admettre non plus en présence de la trempe de son intelligence. La France n'est pas le pays des visionnaires et l'exaltation rêveuse y réussit mal ; elle fait sourire et railler loin d'entraîner. Qu'on nous en blâme ou qu'on nous en loue, nous sommes ainsi faits. Peuple d'action, nous aimons les actifs, et le grand caractère de la sainteté française est la charité active plus que la contemplation. Jeanne est sous ce rapport, comme sous tant d'autres, le type de la Française. Elle a hérité de ce bon sens solide et droit, de cette gaieté franche, de cette verve railleuse qui furent l'apanage de nos pères les Gaulois et qui demeureraient propres à leurs enfants quand ils auraient perdu tout le reste. Si la nature ardente de Jeanne connut un défaut, ce fut un défaut tout français l'impatience d'agir. On sent à tout instant frémir et bouillonner son sang en présence des lenteurs de la cour ; sa parole devient alors ironique et mordante, frappant juste, et exécutant d'un mot les questions ridicules. On connaît sa malicieuse réponse à Pierre Séguin, lui demandant en patois limousin quel langage parlaient ses voix :

« Eh ! Messire ! meilleur que le vôtre ! »

Lorsqu'on lui demandait un signe de sa mission :

« Suis-je venue à Poitiers pour faire des signes ? conduisez-moi sous Orléans, et vous verrez les signes pour lesquels j'ai été envoyée. »

Croit-on l'embarrasser en lui disant que Dieu n'a pas besoin de soldats pour vaincre les Anglais, elle tranche vivement et véridiquement la question :

« Les hommes d'armes batailleront, et Dieu donnera la victoire. »

Au procès, quels triomphes elle remporte ! chacune de ses répliques est sanglante pour ses ennemis. C'est avec raison qu'ils ne veulent plus d'interrogatoires publics ; la Française se fait applaudir jusque sous leur couteau.

« Moi, avoir mis un charme dans mon étendard ? eh

non ! je disais : Entrez hardiment parmi les Anglais, « et j'y entrais moi-même. »

« Pourquoi mon étendard était au sacre ? Il avait été à la peine, c'était raison qu'il fût à l'honneur. »

Et tant d'autres qu'il serait trop long de citer.

Au conseil, la voit-on divaguer ? Non, elle est sage et clairvoyante ; elle prédit qu'on n'aura de paix avec Bourgogne : « que par le bout de la lance, » condamnant la crédulité du roi et de ses conseillers. Elle entraîne le roi sur la route de Reims et de Paris, affirmant que c'est le plaisir de Dieu, mais aussi faisant préparer l'assaut devant toute ville qui ne veut pas se rendre. A l'armée, elle n'a qu'un mot pour ses soldats : « En avant ! frappez hardiment. »

Dieu lui a promis la victoire, mais il faut « batailler » pour l'obtenir. Jeanne le sait et, au dire de tous, elle bataille merveilleusement.

Est-ce là le fait d'une folle ou d'une hallucinée ? Ce sens pratique, cette ardeur à l'action, ce jugement net et cette parole vive s'accordent-ils avec l'exaltation maladive d'une visionnaire ? Encore une fois, nous n'hésitons pas à dire non et à répéter avec assurance : Jeanne fut inspirée de Dieu.

4° La grande marque de la vérité est de réussir où l'erreur succombe, et par des moyens dont la simplicité ferait échouer toute œuvre ourdie des hommes. La dernière preuve de la mission de Jeanne est sa réussite.

Nous avons vu que l'entreprise était impossible, extraordinaire, et elle a réussi ! Jeanne n'a employé nul prestige humain, tout s'est ligué pour lui créer des obstacles, seule contre tous elle les a renversés, et elle a réussi !

Jeanne s'est fait croire en disant : « Dieu le veut, » par la cour la plus méfiante et la plus artificieuse de l'Europe ; elle a prédit ses victoires avec assurance ; avant chaque combat elle avertissait les siens, ou qu'elle serait blessée, ou qu'elle serait victorieuse. Devant ses juges, elle a annoncé aux Anglais qu'ils perdraient leur pouvoir en France ; elle avait le don de prophétie, disaient les siens. Ses prophéties se sont réalisées à la lettre.

La France a-t-elle été sauvée, oui ou non ? Jeanne a-t-elle fait lever le siège d'Orléans, oui ou non ? a-t-elle mené le roi à Reims ? les Anglais ont-ils été jetés hors de toute France ? L'histoire est là ; *oui*, Jeanne a fait tout cela, si nous ne sommes pas sujets anglais à cette heure, nous le lui devons. A ceux qui nient la divinité du Christ, on oppose le merveilleux établissement de l'Eglise par douze pêcheurs, sa croissance parmi les persécutions et son existence toujours ferme après des siècles de luttes et d'hérésies, et l'on conclut en disant qu'une œuvre divine seule peut s'accomplir et vivre ainsi.

A ceux qui nient l'inspiration de Jeanne, nous opposerons la délivrance de la France par une enfant de dix-sept ans, et nous conclurons en disant qu'une œuvre surnaturelle seule a pu réussir et s'achever ainsi. C'est notre dernier mot. Où serait le mérite de la foi, s'il nous était donné de toucher du doigt ce qu'il nous faut croire ? La foi des apôtres a adoré dans Jésus-Christ le Dieu invisible sous l'homme visible ; quand nous confions à un ami sur sa seule parole ce que nous avons de plus cher, nous croyons à l'honneur invisible de notre ami. En face de Jeanne nous voyons la guerrière, la martyre, la vierge, l'acte de foi est de croire au souffle invisible qui l'animait ; à cette inspiration surnaturelle qu'elle a affirmée solennellement et qu'elle est morte plutôt que de renier.

La Pucelle au bûcher mérite que les Français lui rendent cet hommage.

II

ETENDUE DE LA MISSION DE JEANNE

De savants et consciencieux historiens ont agité cette question. La mission de Jeanne s'est-elle terminée à Reims ? comprenait-elle la délivrance de Paris ? plusieurs lui ont reproché comme une faute d'être restée près du roi après le sacre. Avec tout le respect que nous inspirent la science historique et la bonne foi de ces éminents auteurs, nous ne pouvons en aucune façon partager leur avis, et nous pensons qu'ils ne se sont pas placés au véritable point de vue pour examiner la question. Quoi ! admettant que Jeanne reçut une mission surnaturelle, ils la déclarent manquée par la défaite et le martyre ! Qu'ils lisent de plus près l'Evangile et la Vie des Saints où se trouvent l'histoire et la marche des missions surnaturelles. Tiennent-ils donc que la Rédemption fut manquée par la croix ? Sont-ils de l'école de ces Juifs qui rêvaient un Messie conquérant, glorieux et souverain ? La mission de Jeanne fut, comme nous l'avons dit, de sauver la France, 1° en réveillant les hommes de leur engourdissement, 2° en donnant à Dieu sa vie.

Elle ouvrit aux hommes la marche des triomphes, et leur traça la route qu'ils avaient à suivre pour achever l'œuvre si magistralement commencée. Que Paris ait compté ou non dans ces triomphes, peu importe. Si on eût écouté la Pucelle au lieu de négocier avec Bourgogne, nul doute qu'on n'eût repris la capitale, comme elle l'affirmait. Ce fut la faute du roi si la conquête fut retardée ; mais la prise de Paris n'était qu'un détail du grand plan de la délivrance. La mission de Jeanne devait être courte ; elle-même disait au roi : « Je ne durerai guère ; il faut bien m'employer. » Il ne convenait pas à Dieu de laisser sa servante languir dans les camps pendant de longues années, associée à la politique de d'Alençon et aux faits d'armes de La Hire. Le prestige de la Pucelle y eût succombé.

Jeanne tint ce qu'elle avait promis et accomplit ce que nul autre qu'elle ne pouvait faire.

Elle chassa les Anglais du cœur de la France, fit du dauphin Charles le roi légitime, en le menant sacrer à Reims, et lui créa une armée. Après cela, le miracle était fait, l'élan donné, la victoire possible ; les hommes suffisaient à achever l'œuvre ébauchée par Dieu, c'est-à-dire par Jeanne en son nom. La Pucelle va disparaître de la scène guerrière laissant « batailler les gens d'armes », après leur avoir montré Paris à reconquérir et leur avoir donné l'exemple d'un courage que rien n'abat et d'une foi que rien ne déconcerte. L'expulsion des Anglais n'est plus désormais qu'une question de temps. Richemont, Dunois et d'Alençon seront les continuateurs de la Pucelle.

Quant à Jeanne, son action personnelle devait s'arrêter là où finissait la nécessité d'un secours surnaturel. Une fois l'impossible réalisé et l'indispensable accompli Dieu reprend son instrument. Le miracle est fait : aux hommes d'en profiter !

Mais si le roi ne sut pas bien employer « l'Epée de Dieu », pendant le temps où elle lui fut prêtée, pourquoi le reprocher à Jeanne ? Pourquoi lui faire une faute d'avoir persévéré dans la lutte après le sacre et prétendre qu'elle outrepassa sa mission ?

Dieu seul connaissait les bornes de cette mission ; à Lui seul appartenait d'arrêter la guerrière. Où sait-on qu'il l'ait fait ? Une chose est certaine, c'est que si saint Michel et les saintes eussent prescrit à Jeanne de revenir à Domremy elle leur eût obéi sur l'heure. Or, pareil commandement *ne lui fut jamais donné*. Ceux qui soutiennent qu'après le sacre, Jeanne voulut quitter l'armée et fut retenue par le roi, non seulement ne peuvent citer aucun texte précis pour justifier leur assertion, mais encore se méprennent étrangement sur le caractère de la Pucelle. Elle n'était pas capable d'hésiter entre les prières de son roi de la terre et les ordres du roi du ciel, son seul véritable Maître et Seigneur. Nous l'avons vue agir vis à vis de Charles VII avec une indépendance prouvant assez qu'une seule autorité la dominait et qu'elle ne relevait de nul suzerain, hormis Dieu.

Laissons de côté cette idée fausse propagée par tant d'historiens, et voyons de plus haut la mission de Jeanne.

Destinée au martyre et au sacrifice, la Pucelle fut prévenue par ses voix qu'elle serait prise à Compiègne et qu'elle

« verrait le roi des Anglais. » Les saintes lui recommandaient de « tout prendre en patience » et lui promettaient « qu'elle s'en viendrait au royaume du Paradis. »

Après le triomphe de la guerrière, il fallait l'oblation de la victime. Voilà l'explication des revers, de la captivité, du bûcher ! Les nations coupables ne sont rachetées que par le sacrifice, et le sacrifice de victimes innocentes ; c'est une loi mystérieuse aussi ancienne que le genre humain ; le Christ l'a consacrée en s'y soumettant. Il a racheté l'univers par son immolation, et toutes les immolations à venir ont reçu de la sienne mérite et fécondité. Une fois livrée à Dieu pour son peuple, Jeanne n'a plus à regarder en arrière.

Venue à l'armée parce que « son Seigneur l'a voulu, » elle y demeure parmi les défaites, les déceptions, l'abandon, dans l'attente d'une trahison prévue et d'une captivité prédite, parce « son Seigneur ne lui a point donné congé de partir ; » elle subira les angoisses du procès et montera sur le bûcher, parce que « son Seigneur l'appelle. »

Qu'on s'en souvienne, ce Seigneur est l'époux qui l'a aimée d'un amour éternel, et qu'elle a préféré dès son enfance à tout amour terrestre. C'est ce qui lui a donné la hardiesse de proclamer qu'elle vient en son nom, « corps pour corps. » C'est ce qui va maintenant l'armer d'un courage surhumain et d'une force incompréhensible au milieu des flammes. Tandis que sa nature de femme souffre et frémit devant la douleur et la mort, son cœur de vierge s'élance avec un tressaillement de joie au devant du Fiancé immortel, répétant après sainte Agnès :

« O mon Christ ! appelle à toi cette âme qui n'aspire qu'à toi ! »

Voilà la mission de Jeanne : sa vie a délivré la France, sa mort l'a rachetée. S'il nous était donné de décerner à la Pucelle une couronne, où pourrions-nous en trouver de plus glorieuse que celle du martyre et de la virginité ? Pourquoi donc diviser cette vie si belle dans son harmonie ? Pourquoi surtout regarder comme une disgrâce et un châtiment la plus grande preuve d'amour et la plus magnifique récompense que Dieu ait données à sa servante ? Les événements surnaturels doivent être jugés suivant les lois du surnaturel. Pour bien comprendre la mission de Jeanne, il faut se placer en face de la Passion du Christ.

À la lumière qui jaillit de la croix, la figure de Jeanne d'Arc s'éclaire de son véritable jour, les apparentes contradictions de sa vie se fondent dans une merveilleuse unité, sa mission se présente dans la simplicité grandiose des œuvres de Dieu ; son histoire se déroule sous nos yeux comme les feuillets d'un livre ouvert. Mais si nous voilons le ciel, l'obscurité se fait, ou ce qui est encore pis, nous n'apercevons plus la Pucelle que sous un demi-jour artificiel et misérable obtenu à grand'peine. C'est l'éclairage au gaz d'une rampe de théâtre, substitué aux clartés du soleil. On sait que tout ce qui est *vrai* pâlit et se décolore sous cette lueur fausse. Transplantez des fleurs et des arbustes naturels sur une scène, ils paraîtront ternes et chétifs ; l'éclat des arbres à feuilles peintes et des fleurs aux pétales de papier colorié les éclipsera pour la nuit. Mais que le grand jour vienne, et la nature sera vengée du triomphe passager de ces grossiers pastiches ! Jeanne d'Arc, ce lys si pur, est une fleur des champs de France qui demande l'air et la rosée du ciel pour être contemplée dans sa beauté. Ne cherchons pas pour elle un autre terrain que le sol français, ni d'autre lumière que celle de la foi chrétienne, si nous voulons la voir telle qu'elle est.

III

JEANNE A-T-ELLE REMPLI SA MISSION JUSQU'AU BOUT ?

Nous répondrons sans hésiter : « oui. »

Je suis envoyée pour vous *bouter* hors de toute France, écrivait Jeanne aux Anglais, et, elle savait mieux que personne, n'en déplaise aux modernes historiens, ce pourquoi elle était venue. A-t-elle tenu parole ? ouvrez l'histoire.

Vingt ans après la mort de Jeanne, il n'y a plus un Anglais en France.

On nous objectera que ces vingt années de victoires ont été l'ouvrage de Richemont et de Dunois ; quelques critiques prétendent que Jeanne fut empêchée d'achever sa mission par les faiblesses du roi et les lenteurs du conseil. A ceci nous répondrons, que pour nous, la mission de Jeanne ne finit pas avec sa vie : « Il est là, il est mort, il parle encore ! » s'écriait un éloquent orateur sur la tombe d'un autre prince de la parole. Nous dirons de Jeanne d'Arc : « Elle est morte, elle combat encore. »

Si ce n'est plus sa main qui agite son étendard, ni sa voix qui commande aux soldats, ce sont ses plans qu'on exécute. Va-t-on contester à l'artiste la paternité de son œuvre parce qu'il laisse à des ouvriers le soin d'en terminer et d'en polir les détails ? la gloire d'une bataille appartient-elle au général dont l'intelligence a disposé les bataillons, ou aux officiers qui ont porté ses ordres et secondé ses vues ?

Jeanne d'Arc fut l'artiste inspiré, le grand capitaine ; Richemont, Dunois, d'Alençon ne furent que les ouvriers et les lieutenants auxquels elle légua sa pensée. Et lorsque la bataille de Castillon eut porté le dernier coup à la domination anglaise, on put dire avec vérité que la Pucelle avait triomphé par la main de ses compagnons d'armes.

Quant aux fautes royales qui compromirent la prise de Paris, elles ne furent que trop complètes, et trop réelles. Leur effet fut de retarder la délivrance, non de l'empêcher.

Dieu avait promis de sauver la France, mais il n'avait pas promis de la sauver en l'espace de deux années. Le sacre était une question vitale, indispensable au rétablissement du roi ; aussi le sacre fut-il accompli en dépit de tous les obstacles.

Après le sacre, il ne s'agit plus pour le pays de vie ou de mort imminente, mais d'une guerre plus ou moins longue. Dieu qui avait miraculeusement soutenu les armes de Charles VII les livre maintenant aux chances humaines. L'issue de la lutte est assurée, les péripéties varieront suivant que les hommes montreront plus ou moins de résolution, de foi et d'intelligence. Hélas ! il faut dire qu'ils en montrèrent aussi peu que possible ! Ce n'est pas l'héroïque Pucelle qui est en défaut après le sacre; c'est le roi. Dieu a fait l'homme libre et tout en lui envoyant son secours, il ne le contraint jamais à en user.

Charles VII fit de cette liberté l'usage le plus négatif et le plus inepte. Il en porta la peine en employant vingt années à une conquête que la Pucelle eût accomplie en quelques mois, si on l'eût secondée. Mais, nous le répétons, ce fut le roi qui en porta la peine et non pas Jeanne. Tandis que Charles s'humiliait devant son vassal de Bourgogne, et négociait trêve après trêve, Jeanne montait à la gloire par le martyre et forçait ses juges à courber le front et à frapper leur poitrine, confessant qu'ils avaient brûlé une sainte. Sa part était la meilleure.

Outre la délivrance de la France, Jeanne avait mission d'affirmer que Dieu l'avait délivrée ; ce fut pour le soutenir qu'elle mourut. Si Jeanne avait échappé au supplice, l'histoire ne verrait en elle qu'une femme courageuse qui sut soutenir l'honneur de la France en face des ennemis de son pays. Le procès même ne suffisait pas à prouver la vérité des affirmations de Jeanne. Il fallait la suprême preuve de la mort. Jeanne la fournit; avec quelle générosité, on le sait.

Prévenue qu'elle sera faite prisonnière, elle ne laisse point d'aller au combat, laissant seulement échapper ce regret résigné :

« Ah ! plût à Dieu mon Créateur, que je pusse, abandonnant les armées, aller retrouver mon père et ma mère pour garder les brebis avec ma sœur ! ils seraient bien joyeux de me revoir ! »

Ces paroles sont la meilleure preuve qu'elle n'agissait pas par elle-même et qu'elle n'outrepassa pas sa mission. Son cœur aspirait à retourner près des siens ; mais elle ne s'appartenait plus ; elle obéissait en allant au devant de la captivité comme elle avait obéi en allant au devant de la victoire. Une fois captive son énergie ne se dément pas un instant ; toutes les tortures du corps et de l'esprit, tous les pièges de l'intelligence ne lui arrachent qu'une invincible affirmation que Dieu l'a envoyée au secours de la France. La preuve est faite, la mission remplie ; la postérité a recueilli cette parole et répètera à travers les siècles ce sublime Credo : « Nous croyons que Dieu est venu au secours de la France ! »

NOTE XIII

Impression produite par la prise de Jeanne d'Arc.

Il y eut dans les villes où Jeanne avait été connue, un véritable deuil à la nouvelle de sa captivité. A Tours, on ordonna des prières publiques pour sa délivrance; on fit une procession à laquelle assistèrent les chanoines de la cathédrale, le clergé régulier et séculier de la ville ; tous marchant pieds nus. »

A part la tentative militaire et personnelle de Richemont et de La Hire, on n'a quelque trace de la pensée de délivrer Jeanne que dans les craintes exagérées de l'Université de Paris (bourguignonne, comme on sait).

« Moult doutons que par la fausseté et séduction de l'ennemi d'enfer et par la malice et subtilité des mauvaises personnes, vos ennemis et adversaires (ceci est adressé à Bourgógne), qui mettent tout leur souci à vouloir délivrer cette femme, elle soit mise par hors de votre sujétion par quelque manière, ce que Dieu ne veuille permettre. »

Ces craintes sembleraient indiquer quelques efforts des Français pour délivrer la Pucelle ; mais la prise de Jeanne fut suivie de plusieurs échecs pour la France.

Le roi d'Angleterre (c'est-à-dire ses ministres en son nom), écrivait à l'Université :

« Henri, par la grâce de Dieu, roi *de France* et d'Angleterre à ceux qui liront ces présentes, salut.

Il est assez notoire et connu comment une femme qui se fait appeler Jehanne la Pucelle, laissant l'habit du sexe féminin, ce qui est contre la loi divine et chose abominable à Dieu, réprouvée et défendue de toute loi, vêtue, habillée et armée en état et habit d'homme, a fait et exercé cruel fait d'homicide, et, comme on l'a dit, a donné à entendre au simple peuple qu'elle était envoyée de par Dieu, et avait connaissance de ses divins secrets, ensemble plusieurs dogmatisations périlleuses et préjudiciables à notre sainte foi catholique... nous ordonnons que Jehanne soit délivrée et baillée à l'évêque de Beauvais pour être interrogée et examinée par lui. Toutefois, *c'est notre intention de ravoir et reprendre par devers nous la susdite Jehanne, au cas où elle ne serait pas convaincue de cas dessus dits.* »

On le voit, au cas où Jeanne eût été acquittée par le tribunal, les Anglais entendaient « la reprendre par devers eux » et s'en défaire à leur façon.

Après le procès, le roi d'Angleterre écrit aux juges alarmés pour calmer leur conscience et les rassurer sur les conséquences d'une condamnation portée contre la justice.

« Comme nous avons été requi, et exhorté par notre très chère et très aimée fille, l'Université de Paris, qu'une femme se faisant appeler Jehanne la Pucelle avait été prise en armes par aucuns de nos sujets, que cette femme fut rendue, baillée, délivrée, à notre *amé et féal conseiller*, l'évêque de Beauvais, lequel ayant examiné les erreurs, crimes, excès, et délits de cette femme et l'ayant remise à notre cour séculière, et cette femme ayant été condamnée à être brûlée et exécutée...

Pour ce, que par aventure, aucuns qui pourraient avoir eu les erreurs et maléfices de ladite Jehanne agréables, et d'autres qui s'efforceraient indûment de troubler les jugements et de mettre en cause notre Saint Père le Pape, le saint Concile général ou les docteurs, maîtres, etc., qui se sont entremis dudit procès, nous *Promettons, parole de roi,* » que *s'il advient que les dits juges, docteurs,* etc., *soient mis en cause à l'occasion dudit procès par devant notre dit Saint Père le Pape et le Concile général, nous* AIDERONS ET DÉFENDRONS TOUS LES DITS JUGES, DOCTEURS, MAITRES, etc., A NOS PROPRES FRAIS ET DÉPENS, et à leur cause en cette partie, « *nous adjoindrons* au procès qu'on voudrait intenter contre eux, *quelconques personnes.* » (Juin 1431). Et il donne à cet effet des ordres à tous les ambassadeurs et évêques de son obéissance.

Suivant nous, il n'y a rien de plus clair et de plus brutal que ces deux lettres à la charge des Anglais. Dans la première, ils annoncent, que si la prisonnière est acquittée, ils la reprendront « devers eux. » Dans la seconde, voyant les juges trembler d'être menés en cour de Rome, ils déclarent qu'ils les défendront, paieront les frais du procès, leur donneront des protecteurs « quelconques, » enfin les soutiendront contre le Pape et l'Eglise ; parce qu'ils ont bien mérité de l'Angleterre. On voit que l'Eglise n'était rien ici, et l'orgueil national tout. Ce sentiment se retrouvera lors du schisme d'Henri VIII. On verra tout le clergé anglais abandonner l'Eglise sur un mot du roi, afin de fonder une secte nationale ayant pour chef un monarque débauché et despote. Un seul évêque protestera et montera sur l'échafaud pour maintenir l'intégrité de la foi. C'est l'évêque Fischer.

Henri VI avait dix ans lorsque ces lettres furent écrites. Détail curieux, il était à Rouen lorsque Jeanne y fut amenée ; il est probable qu'on procura à l'enfant royal le divertissement de voir l'illustre captive, alors que les Anglais avaient tout loisir de la visiter et de l'injurier. Ainsi se serait trouvée réalisée la parole des saintes : « Tu verras le roi des Anglais. »

Etrange rencontre que celle de la jeune fille et de l'enfant, à peine séparés d'âge par quelques années. L'une, pauvre fille du peuple à la veille de cueillir une palme immortelle, l'autre, né sur le trône et destiné à mourir captif et dépossédé, tous deux, cœurs purs et pieux que Dieu accueillit également dans sa miséricorde ; ennemis involontaires qui durent se tendre la main au ciel. Henri VI, dont le front enfantin portait deux couronnes, ne se doutait guère alors que toutes deux lui échapperaient et que l'héroïsme d'une épouse française (Marguerite d'Anjou) disputerait seul le sceptre d'Angleterre aux usurpateurs. — S'il se souvint, à la Tour de Londres, d'avoir rencontré jadis le regard d'une prisonnière indomptable dans sa fière résignation, il dut puiser, dans ce souvenir, la science de souffrir et le courage d'expier pour son peuple.

NOTE XIV

Les juges de Jeanne d'Arc.

« M. de Beaurepaire fait remarquer que la plupart des assesseurs étaient, non les représentants naturels de leurs communautés, mais des hommes *réfugiés à Rouen de divers points de la Normandie, comme partisans des Anglais.* »

On trouve dans les comptes du duc de Bedford le chiffre des salaires donnés aux juges. Pierre Cauchon reçut 5,570 francs de notre monnaie. Les autres juges des sommes diverses à tant par jour, et des indemnités de déplacement.

Rien n'est éloquent comme les chiffres.

Nous trouvons aussi dans les mêmes comptes, l'ordre de lever un impôt sur la Normandie pour payer à Jean de Ligny, le prix de sa captive : On leva avant la fin de septembre 1430, la somme de 80,000 livres tournois, octroyés par les états normands, « pays de conquête, » pour « tourner et convertir de cette somme 10,000 livres tournois, (61,125 francs de notre monnaie), au paiement de l'achat de « Jeanne la Pucelle qu'on dit être sorcière, personne de guerre, conduisant l'armée du dauphin. »

NOTE XV

Prison de Jeanne d'Arc.

« Elle ne fut point détenue dans la prison commune, mais au château, dans une « tour qui regardait la campagne. » Il y avait une « chambre au milieu et une de chaque côté, » (sans doute on avait divisé la pièce en trois par des cloisons). Jeanne y était enchaînée, au témoignage du greffier Taquel, même en état de maladie. Elle était gardée à vue « jour et nuit par cinq Anglais, dit Massieu, dont en demeurait de nuit trois en la chambre et deux dehors, à la porte de ladite chambre, c'est-à-dire dans l'une des petites pièces contiguës. »

Manchon rapporte que ces pièces servaient aux espions de Warwick et de Cauchon :

« Et, de fait, au commencement du procès, le notaire et Boisguillaume, avec témoins furent mis secrètement en une chambre prochaine où était un trou par lequel on pouvait écouter, afin qu'ils eussent à rapporter ce qu'elle disait à Loiseleur. »

Nicolas Loiseleur, on se le rappelle, se disait à la Pucelle Français et prisonnier comme elle, et tâchait sous le masque de la compassion et de l'amitié, de lui arracher des confidences qui permissent de la condamner.

« Je sais de certain, dit Massieu, que de nuit, elle était couchée, ferrée par les jambes de deux paires de fers à chaîne et attachée moult étroitement d'une chaîne traversante par les pieds de son lit, tenante à une pièce de bois de longueur de cinq à six pieds et fermant à clef; par quoi elle ne pouvait se mouvoir de la place. »

Un chroniqueur qualifie les gardiens de « houspilleurs, » et Isambart de la Pierre témoigne qu'il trouva Jeanne, quand il la visita « éplorée, son visage plein de larmes, si défigurée et si maltraitée qu'il en eut pitié. »

NOTE XVI

Les accusations portées contre Jeanne d'Arc

Les juges les formulèrent en douze articles :

1º Les apparitions venaient du démon. Cela ils l'affirmaient gratuitement quand Jeanne le niait avec énergie. La piété de la Pucelle, sa pureté, son humilité témoignaient contre cette accusation. « Je m'en rapporte à Dieu des bonnes œuvres que j'ai faites, » disait-elle. Mais pour les Anglais, secourir la France ne pouvait être « *une bonne œuvre.* »

2º Le signe du roi, mensonge présomptueux et pernicieux, attentatoire à la dignité des anges.

Il s'agissait du secret révélé par Jeanne au roi. Les juges voulaient lui faire dire qu'elle avait vu un ange apporter au roi une couronne. Elle refusa de parler, puis finit par répondre par une sorte de parabole qui les dérouta.

3º Les visites de saint Michel, de sainte Catherine et de sainte Marguerite, et la foi qu'y a la Pucelle : croyance téméraire et injurieuse dans sa comparaison aux vérités de la foi.

Cette croyance n'avait rien que de très conforme à la foi catholique. Etait-ce donc la première fois que les anges et les saints apparaissaient à une âme privilégiée ? Quand même Jeanne se fût trompée, elle ne péchait point contre la foi en affirmant un fait dont la possibilité est admise par la foi.

4º Les prédictions : superstition, divination et vaine jactance.

Dieu donne le don de prophétie aux siens, quand il lui plaît. De quel droit vient-on le dénier à une femme dont toute la vie attestait « qu'elle venait de Dieu. »

5º L'habit d'homme, porté, au dire de Jeanne, par commandement de Dieu. Blasphème envers Dieu, violation de la loi divine et suspicion d'idolâtrie.

La question des habits avait déjà été tranchée par l'archevêque de Reims lorsque Jeanne vint à l'armée :

« Il est plus convenable, avait-il dit de l'avis des docteurs de Poitiers, il est plus convenable de faire ces choses en habit d'homme puisqu'on doit les faire avec des hommes. »

Cet habit était la sauvegarde de l'honneur et de la pureté de Jeanne, et le simple bon sens indique que vivant en soldat elle devait se vêtir en soldat ; faire la guerre en vêtements féminins, eût été tout simplement absurde.

Les juges reprochèrent à Jeanne de n'être point demeurée à faire « des œuvres de femme. »

« J'ai obéi à Dieu, dit-elle, et, quant aux œuvres de femme, il y avait assez de femmes pour les faire. »

C'était trancher la question d'un mot.

La France n'avait pas besoin d'une fileuse de plus, mais d'un chef de guerre.

En prison, le refus de Jeanne de quitter ses habits d'homme lui valut les plus cruelles persécutions :

« Qu'on me donne une femme avec moi, disait-elle, je les laisserai. »

Elle n'était pas en sûreté parmi ses gardiens, ces cinq « houspilleurs, » ni parmi les visiteurs de la prison. Warwick avait dû plus d'une fois accourir à son secours.

« C'est petite chose que l'habit, et je l'ai pris par commandement de Notre-Seigneur, » répétait-elle.

Mais ses bourreaux lui en firent un crime et la contraignirent par ruse à le reprendre après avoir consenti à le quitter. Ce fut le prétexte de sa condamnation.

6º Les lettres. — Elles peignent la femme, altérée de sang humain, cruelle, séditieuse, traîtresse.

Nous pensons, nous, qu'elles peignent la Française intrépide. Jeanne ne versa jamais de sang, elle l'a solennellement déclaré, mais, disait-elle avec sa droite raison :

« Si j'étais chef de guerre, c'était pour chasser les Anglais. »

Et lorsqu'on lui demandait si elle avait été en un lieu où des Anglais eussent été tués :

» Si j'y ai été, oui, certes ! au nom de Dieu ! comme vous parlez doucement ! pourquoi ne voulaient-ils pas se retirer de France et s'en aller dans leur pays ? »

Ce fut cette parole qui arracha à un seigneur anglais ce cri :

« C'est une très bonne femme ! si seulement elle était anglaise ! »

7º Le départ de Domremy : impiété filiale, violation du commandement d'honorer père et mère.

Ils oubliaient que l'ordre exprès de Dieu passe avant l'autorité des parents. A l'âge de douze ans, Jésus-Christ quitte Marie et Joseph pour s'enfermer trois jours au temple, et aux questions de sa mère, il ne répondit que ces mots : « Pourquoi me cherchiez-vous, ne savez-vous pas que je dois m'occuper des affaires de mon Père ? »

Parole qui sera l'éternelle justification de ceux qui font passer un devoir supérieur soit religieux, soit patriotique, avant les affections de la famille.

Parole qui glorifie pleinement Jeanne d'Arc de s'être occupée, avant toutes choses, « des affaires de son Père. »

8º Le saut de Beaurevoir. *Pusillanimité* tournant au désespoir et à l'homicide.

Il s'agit de la tentative d'évasion de Jeanne lorsqu'elle était prisonnière de Jean de Luxembourg.

« Si j'avais le désir de m'échapper, dit-elle, il est bien naturel à tout prisonnier. »

Ses saintes l'ayant reprise de cette impatience de s'enfuir alors qu'elles lui recommandaient de « tout prendre en patience, » la Pucelle pleura trois jours cette légère faute et fut consolée par l'assurance de sainte Marguerite que Dieu pardonnait à son repentir. Les juges n'avaient rien à voir dans cette question. Jeanne ne voulait pas se tuer, mais s'évader, et elle en avait plein droit. Accuser Jeanne de *pusillanimité* est une vengeance de vaincu impuissant et furieux.

9° Confiance de Jeanne en son salut : Affirmation présomptueuse, mensonge pernicieux.

Il est permis à tout chrétien de croire qu'il ira au ciel. Il était permis à Jeanne de s'appuyer sur les promesses de ses saintes qui lui répétaient : Ne te soucie de ton martyre ; tu t'enviendras au Paradis. »

10° Que sainte Catherine et sainte Marguerite ne parlent pas anglais. Blasphème envers les saintes, violation du précepte de l'amour du prochain.

On se demande pourquoi les saintes auraient parlé anglais à une Française qui n'entendait pas l'anglais, surtout alors qu'elles lui ordonnaient de repousser les envahisseurs britanniques. Mais ici la crainte des Anglais, de laisser dire ou croire qu'ils ont Dieu et les saints contre eux, leur trouble le jugement.

Un peu plus, ils excommunieraient des saintes qui ne parlent pas leur langue.

11° Les honneurs que Jeanne rend à ses saintes : idolâtrie, invocation des démons, etc.

Comment se fait-il qu'honorer les anges, soit invoquer les démons, et que vénérer les saints soit une idolâtrie ? Luther n'a cependant pas encore paru pour déclarer idolâtrique le culte de la Vierge, des Saints et des Anges : les juges sont catholiques et non protestants. Mais *tout* ce que fait Jeanne ne peut être, à leur avis, que mal et péché.

Comme ses saintes, elle ne parle pas anglais : voilà son crime.

12° Refus de s'en rapporter de ses faits à l'Eglise : schisme, apostasie, obstination dans l'erreur.

Nous reviendrons sur cette question.

Disons en attendant, que Jeanne demanda plusieurs fois à être conduite devant le pape et le concile, et qu'on ne voulut jamais l'entendre. Or l'Eglise, c'était le pape et le concile, et nullement Pierre Cauchon.

Toutes ces accusations sont un tissu de mensonges, de demi-vérités habilement défigurées, et d'interprétations fausses et calomnieuses.

NOTE XVII

Rétractation arrachée à Jeanne d'Arc.

Nulle scène n'est peut-être plus douloureuse dans la passion de Jeanne. Cauchon voulait une rétractation publique de ses visions : 1º pour détruire dans l'opinion l'effet produit par les affirmations énergiques de la Pucelle. 2º La loi ne permettant de condamner une sorcière à mort, qu'après désaveu et rechute, il lui fallait le désaveu pour obtenir la rechute et pouvoir condamner légalement.

On dressa deux échafauds dans le cimetière de l'abbaye de St-Ouen. « Sur l'un, siégeait l'évêque ayant avec lui le cardinal de Winchester, grand-oncle du roi d'Angleterre, et une nombreuse assistance de docteurs ; l'autre attendait Jeanne. » (Wallon).

On l'exhorta, on la somma d'abjurer ses révélations ; elle répondit qu'elle en appelait au pape, et s'en rapportait à l'Eglise uuiverselle, et que « ce qu'elle avait fait, elle l'avait fait de par Dieu. »

Cauchon furieux et embarrassé de cet appel lui dit : « qu'on ne pouvait aller chercher le Saint-Père si loin ; qu'elle devait s'en rapporter aux juges, et qu'il lui fallait abjurer sur l'heure, sous peine d'être brûlée. »

Jeanne résista ; un débat qui dura longtemps s'engagea entre la Pucelle et les docteurs ; elle protestait toujours qu'elle était bonne chrétienne et n'avait rien fait de mal, ajoutant qu'elle s'en déférait à la cour de Rome. Les juges la pressaient d'abjurer, de « se soumettre à l'Eglise, » de reprendre l'habit de femme, la priaient de « ne point se faire mourir. » Nicolas Loiseleur qu'elle croyait son ami, était le plus ardent à la supplier. « Epuisée de la lutte et comme étourdie par ces voix de toutes sortes, conseils, prières, menaces, elle se tait, puis finir par dire : « Je me soumets à l'Eglise, » et elle priait encore saint Michel de l'aider et de la conseiller. » (Wallon).

« Je me soumets à l'Eglise ! » comment l'entendait-elle ? en bonne catholique, elle protestait contre les accusations tendant à ternir sa foi ; elle se soumettait au pape, au concile, à l'Eglise universelle, elle l'a maintes fois répété. Menacée d'excommunication, elle donnait une preuve de sa docilité, mais cette parole ne voulait nullement dire : « Je renie ma mission. » Les juges qui prétendaient représenter l'Eglise se hâtèrent de prendre acte de cette soumission, on lui lut la formule d'abjuration et on lui enjoignit d'en répéter les mots, ce qu'elle fit machinalement en souriant comme une femme égarée qui ne sait ce qu'elle dit. Elle n'avait pas conscience de la portée des termes, et cependant les juges craignant de révolter sa conscience, ne lui firent lire et prononcer qu'une abjuration fort courte et portant « qu'elle ne se vêtirait plus en homme, qu'elle ne porterait plus d'armes et qu'elle s'en remettait à l'Eglise de ses dits et faits. » Il n'y avait rien là que Jeanne ne pût concéder. La soumission à l'Eglise, elle l'avait affirmée vingt fois, les habits d'homme, c'était « petite chose, » et encore qu'elle y tînt, elle pouvait les déposer par complaisance pour le tribunal sans compromettre en rien sa mission. Elle répéta donc cette formule, mais lorsqu'il fallut la signer, le secrétaire du roi d'Angleterre, Jean Calot, tira de sa manche un autre papier, et le présenta à la prisonnière. Jeanne ne savait pas lire et ne s'aperçut pas de la substitution ; elle traça une croix au bas de cette nouvelle pièce, mais Jean Calot lui prit la main et lui fit écrire son nom entier. Hélas ! ce qu'elle venait de signer, était sans qu'elle le sût, un désaveu formel de sa mission où elle se reconnaissait coupable de sorcellerie, de blasphème et de mensonge. »

Massieu déclare que « *la formule lue à Jeanne n'est pas la même que celle qu'elle a signée.* » L'infamie des juges éclate ici.

L'emploi de cette odieuse tromperie prouve assez quelle avait été la fermeté de Jeanne, puisque, de guerre lasse, ses ennemis en sont réduits au mensonge et à la supercherie pour avoir des armes contre elle.

On sait comment finit cette scène; Jeanne fut condamnée à la prison perpétuelle. Les Anglais croyant qu'elle leur échappait faillirent lapider les juges à coups de pierre et Warwick vint faire des reproches à Cauchon :

« Soyez tranquille, mylord, répondit Cauchon, nous la retrouverons. »

Le lendemain, Jeanne avertie par ses voix, déclara « *qu'elle ne savait ce qu'on lui avait fait signer,* » mais que si elle a signé quelque chose contre sa mission elle le dément : car, « je ne veux point me damner pour sauver ma vie ; et si je disais que Dieu ne m'a point envoyée, je me damnerais. La vérité est que Dieu m'a envoyée, « mes voix m'ont dit que j'avais fait une grande mauvaiseté de confesser n'avoir pas bien fait ce que j'ai fait. »

« Mais, lui dit Cauchon, vous avez reconnu que c'était mensongèrement que vous vous étiez vantée d'avoir parlé à ainte Catherine et à sainte Marguerite.

— « Je n'entendais pas faire ou dire ainsi ; mes voix sont de Dieu, et votre faux prêcheur m'a accusée de choses que je n'ai jamais faites. »

La courageuse enfant se condamnait à mort en parlant ainsi, elle le savait, mais elle ne voulait « se damner pour sauver sa vie, » et elle préféra la mort au mensonge, alors que les juges préféraient leur haine à la vérité et à la justice.

NOTE XVIII

Périnaïk la Bretonne, brûlée pour avoir approuvé Jeanne d'Arc.

« Une pauvre Bretonne, nommée Périnaïk ou Pérette, pour avoir osé dire que « Jeanne était bonne, et que ce qu'elle avait fait était bien fait et selon Dieu, » fut brûlée à Paris par les Anglais, le 3 septembre 1430 (Wallon).

Il fallait montrer que Jeanne n'était qu'une magicienne et un suppôt du diable ; à ce prix seulement l'autorité des Anglais devait se rétablir dans leurs conquêtes.

NOTE XIX

Rôle de l'Eglise dans le procès de Jeanne d'Arc.

Il y a en France une école qui tend de plus en plus à présenter Jeanne comme une victime de l'Eglise et de l'Inquisition.

Cette même école tient aussi que Jésus-Christ fut justement condamné par Pilate et Caïphe. Il n'est pas à elle que nous répondrons, mais à ceux qui pourraient de bonne foi partager son erreur.

Jeanne ne fut pas condamnée pas l'Eglise, mais réhabilitée par l'Eglise, voilà la vérité.

Cauchon était évêque, il est vrai ; mais il y a eu, il y a, et il y aura toujours de mauvais prêtres et de mauvais évêques, comme de mauvais juges et de mauvais soldats.

L'Eglise n'en est pas embarrassée ; elle a retranché de sa communion Luther, un moine, Calvin, un prêtre, Photius, un évêque, tout le clergé anglais sous Henri VIII, de nos jours, en France, un moine éloquent, le P. Hyacinthe. Cauchon fut un évêque en rebellion contre son supérieur, l'archevêque de Reims et contre l'autorité du Saint-Siège.

L'archevêque de Reims et le tribunal de Poitiers déclarent Jeanne bonne catholique et lui permettent de porter des armes et des habits d'homme. De quel droit l'évêque de Beauvais vient-il contredire les jugements de son suffragant? de quel droit transforme-t-il en sorcière la « bonne chrétienne » de Poitiers ? de quel droit lui fait-il un crime de porter un habit que son archevêque lui avait permis de revêtir? Peut-on voir ici un jugement de l'Eglise? Non ! nous avons celui d'un homme haineux vendu aux Anglais, d'un juge inique qui se venge au lieu de juger.

Entre l'archevêque de Reims et l'évêque de Beauvais, le juge était le pape, et le pape a prononcé en faveur du premier. Là, où est le pape, là est l'Eglise. L'Eglise fut avec Jeanne contre Cauchon.

Le refus d'aller en cour de Rome, malgré les sommations de Jeanne et l'avis des docteurs, place Cauchon dans une position encore plus suspecte que son désaccord avec l'archevêque de Reims. Lorsque Cauchon fut excommunié par le Concile de Bâle, peut-être se souvint-il d'avoir dénié à sa prisonnière la justice du Saint-Siège. En tous cas, si l'orthodoxie de quelqu'un fut en défaut, ce ne fut pas celle de Jeanne qui se réclamait sans cesse du Pape et du Concile, mais celle de Cauchon qui ne voulut jamais consentir même à donner connaissance de l'affaire en cour de Rome.

En outre, la condamnation de Jeanne portait sur des points qui ne tombaient pas sous la juridiction de l'évêque. Plusieurs esprits de notre temps s'imaginent peut-être que les catholiques sont tenus à croire aveuglément *tout* ce qu'il plaît au pape ou à un évêque de leur dire : C'est une erreur. Un évêque n'est jamais infaillible. Le pape est infaillible, mais seulement en matière de dogme et lorsqu'il parle « ex cathedra. »

Or, en affirmant ses visions, Jeanne ne touchait à aucun point du dogme catholique. La possibilité des apparitions angéliques étant admise par l'Eglise, Jeanne ne soutenait qu'un fait, à elle propre et personnel.

« Cela n'ôtait pas aux autres le droit de n'y point ajouter foi. C'est le devoir et le droit des pasteurs de ne pas accepter légèrement de semblables affirmations ; et, si elles ne semblent pas fondées, d'en garder les fidèles. Aussi, la chose avait été examinée à Poitiers ; elle pouvait l'être de la même façon à Rouen ; et si l'archevêque de Reims y avait cru et l'avait approuvée, l'évêque de Beauvais avait encore la liberté de n'y pas croire. Mais eût-on toute raison de n'y pas croire, *Jeanne n'était point hérétique en y croyant. L'Eglise n'a jamais entendu se faire juge d'une question réduite ainsi à un fait tout personnel.*

Le pape Pie II, tout en réservant son jugement sur la réalité de l'inspiration de la Pucelle, affirme que, dans son procès, on n'a rien trouvé en elle contre la foi...

Elle a été condamnée par un évêque, dépossédé par ses victoires, et constitué son juge du *choix des Anglais*, (des Anglais, non de l'Eglise). Elle a été relevée de cette condamnation par un tribunal que le pape institua lui-même et qu'il composa de trois évêques et de l'inquisiteur de France. Si ce tribunal l'a jugée orthodoxe, nous n'avons pas le droit d'être plus difficiles. » (Wallon).

On a donné trop peu d'attention au procès de réhabilitation. C'est là, pourtant, qu'il faut aller chercher la vérité : Cauchon fut pleinement désavoué par les délégués du Saint-Siège, et voici en quels termes ils cassèrent le jugement.

« Les défenseurs de Jeanne alléguèrent que, pour ses visions, Dieu seul en connaît l'origine et nul sur terre n'a le pouvoir d'en juger. Pour l'habit d'homme, il était légitime, et pour son rôle de capitaine, et pour la protection de son honneur de femme.

Pour la question de soumission à l'Eglise : L'Eglise la réclame pour le dogme, laissant, quant au reste, une entière liberté. Jeanne n'y était pas tenue en ce qui touche ses révélations comme *fait* ; et pourtant elle s'est soumise à l'Eglise et a réclamé le jugement du pape. Ils rappellent que des faux et des altérations vicient le procès, qu'on a lu à

Jeanne la formule d'abjuration au milieu du tumulte sans qu'elle ait pu l'entendre. Ils tiennent qu'on l'estimait bonne chrétienne, puisqu'on lui a permis la communion, et que la mauvaise foi des juges était flagrante. Aussi, demandent-ils non seulement l'annulation de la sentence, mais les réparations que réclame, après un si cruel supplice, la mémoire outragée de la Pucelle. » (Wallon).

Ces raisons furent adoptées par le tribunal après enquête. Les lettres de garanties données aux juges de Jeanne par le roi d'Angleterre prouvaient pleinement qu'ils n'avaient agi que pour le compte et à la requête des Anglais.

Le jugement définitif portait ceci : « Que les douze articles, l'unique base de la sentence rendue contre Jeanne, étaient faux, altérés et calomnieux. En conséquence ils devaient être arrachés du procès et lacérés judiciairement. (C'était une flétrissure infligée à la base même du procès).

Le procès et la sentence furent entachés de *dol* et de *calomnie*, la vraie doctrine n'ayant pas été moins lésée que la justice.

Jeanne devait être *lavée de tout reproche* en ce qui concernait les faits mis à sa charge ; le juge étant *incompétent* parce qu'il était l'ennemi de l'accusée, le tribunal *illégal* parce qu'il fut composé sous la pression anglaise et ne comptait que des partisans des Anglais ; les *formes n'ayant pas été observées*, (Jeanne, mineure, n'avait pas d'avocat ; le procès n'avait été précédé d'aucune enquête, etc.), *l'appel en cour de Rome n'ayant pas été transmis*, etc., le procès et la sentence étaient déclarés nuls, *et de nul effet, cassés* et *annulés* ; on *attestait que* Jeanne ou les siens n'en avaient reçu *aucune note d'infamie*, et si besoin en était, ils étaient lavés de toute tache semblable par le présent arrêt. » (Wallon.)

C'était proclamer hautement l'innocence de l'accusée et flétrir la mauvaise foi des juges, mais le tribunal va plus loin ; il ordonne une réparation éclatante et publique.

« La sentence sera publiée à Rouen en deux endroits : sur la place de Saint-Ouen, à la suite d'une procession avec sermon solennel, et le lendemain au Vieux-Marché, au lieu où Jeanne fut cruellement brûlée. Un autre sermon doit suivre cette seconde publication et on plantera une croix expiatoire au lieu du supplice, afin d'en perpétuer la mémoire et de solliciter les prières des fidèles ; en outre, la sentence sera publiée dans toutes les villes du royaume qu'il semblera bon. » (Wallon.)

Et Rouen accomplit cette amende honorable, et la France entière s'y associe sous les yeux de la Bourgogne et de l'Angleterre.

Cette réparation s'est continuée à travers les siècles avec l'appui et l'approbation de l'Eglise qui en prescrivit le premier acte. La reine d'Angleterre, Victoria Ire, vient de rendre hommage à l'héroïne brûlée par les siens. Commandant trois panneaux pour orner le château de Windsor et voulant y voir représentés la Religion, le Courage et la Pureté, elle a choisi comme type de la Pureté la figure de Jeanne d'Arc. Ce choix doit plaire à la Pucelle le Lys de France et la sœur des anges.

En juillet 1874, le Procès de l'Ordinaire relatif à la béatification et à la canonisation de Jeanne d'Arc a été ouvert à Orléans.

Nous pouvons en hâter le dénoûment par nos vœux, nos prières, et les témoignages de notre vénération reconnaissante envers la libératrice de la France.

NOTE XX

La fausse Jeanne d'Arc.

Cinq ans après la mort de Jeanne, une femme se présente, disant qu'elle était Jeanne la Pucelle, échappée aux flammes du bûcher on ne sait par quel moyen. Elle se fit reconnaître d'Isabelle Romée et des frères de Jeanne ; la ville d'Orléans lui fit des présents, et le peuple l'acclama comme la Pucelle ressuscitée. « Après avoir été en Italie où, assurément, elle n'alla pas voir le pape, mais où elle prit du service dans ses troupes, la fausse Jeanne vint en France et paraît avoir reçu des hommes d'armes avec lesquels elle guerroya dans le Poitou.

Enfin elle parut devant Charles VII qui l'accueillit par ces paroles.

« Soyez la bienvenue, Pucelle, ma mie, au nom de Dieu qui connaît le secret qui est entre vous et moi. »

Au mot de secret, l'aventurière se trouble, balbutie, et finit par tomber à genoux et avouer sa supercherie. Son véritable nom était Jeanne des Armoises ; elle avait été mariée deux fois, elle avait mené une vie fort peu édifiante et avait dû recourir au Saint-Siège pour être absoute d'avoir frappé sa mère dans un moment d'emportement. On exigea d'elle une confession publique à Paris, devant tout le peuple, qui vint la voir en la cour de l'Université ; elle raconta toute sa vie. Cette femme avait l'humeur guerrière et ce fut par goût militaire qu'elle se fit soldat en Italie, puis en France, elle répandait le sang sans scrupule : elle « dansait avec les hommes et se livrait tellement aux excès de la table qu'elle dépassait toutes les bornes, » dit un contemporain. Devenue veuve du seigneur des Armoises, elle épousa en troisièmes noces, un homme de basse extraction, nommé René Douillet, obtint des lettres de rémission du roi René d'Anjou et vécut cinq ans dans cette province sans être inquiétée.

Cette misérable parodie de la mission de Jeanne prouve une fois de plus que la Pucelle fut divinement inspirée. Une tentative de ce genre ne pouvait être que ridicule ou sublime. Chez Jeanne d'Arc elle fut sublime, parce que l'inspiration était vraie. Chez Jeanne des Armoises elle fut ridicule, parce que l'inspiration n'existait pas. Les Anglais qui avaient accablé Jeanne d'Arc d'injures et de calomnies virent en Jeanne des Armoises la réalisation de leurs idées sur la Pucelle.

Cette démonstration tourna à leur confusion, en prouvant

qu'une autre femme que Jeanne d'Arc ne pouvait qu'échouer là où elle avait réussi. La déconvenue de l'aventurière attestait le surnaturel du succès de la vierge.

NOTE XXI

Les ennemis de Jeanne d'Arc.

Pierre Cauchon comte-évêque de Beauvais, aumônier *de France pour Henri VI*, dévoué aux Bourguignons et aux Anglais, dont il tenait sa fortune, homme sans conscience et sans pitié, doué d'une sordide ambition, d'une âme vindicative et d'un esprit fourbe et cauteleux fut le bourreau de Jeanne. Rien de plus tortueux, de plus froidement cruel que la manière dont il conduisit le procès. Le remords ne semble pas l'avoir atteint une seule fois. — Fait par les Anglais évêque de Lisieux, après la mort de Jeanne, excommunié par le concile de Bâle pour avoir refusé de payer ses redevances au Saint-Siège, il mourut subitement en 1442, pendant qu'on lui faisait la barbe.

Le duc de Bedfort, oncle d'Henri VI et régent *de France* pour son neveu mourut à la veille du traité d'Arras qui réconcilia Philippe de Bourgogne et Charles VII. Il avait fait tout au monde pour l'empêcher et sa mort fut empoisonnée par la prévision de cette paix tant désirée et tant conseillée par la Pucelle.

Le comte de Warwick nommé régent de France après Bedford joua un rôle odieux pendant le procès de Jeanne ; c'est lui qui répétait sans cesse : « Il faut qu'elle soit brûlée vive ; le roi l'a, parbleu, achetée bien assez cher pour cela ! »

Il mourut en 1439, témoin des revers des siens et sans avoir pu rétablir la fortune de l'Anglerre. Son fils, surnommé le faiseur de rois, joua un rôle célèbre dans la guerre des deux Roses. Il maria une de ses filles à Georges d'York, duc de Clarence, frère d'Edouard IV, et l'autre, à Edouard de Lancastre, fils d'Henri VI. Il avait un fils qui fut jeté en prison sous Henri VII et fut décapité parce que son nom servait de ralliement aux ennemis du monarque.

Cette famille s'éteignit dans le sang comme celles des deux branches rivales York et Lancastre.

Le cardinal de Winchester, grand-oncle d'Henri VI qui couronna son jeune neveu à Paris pour imiter le sacre de Charles VII, à Reims, mourut en 1447. On l'avait accusé sans fondement d'avoir fait assassiner son neveu, le duc de Glocester.

William de La Pole, comte de Suffolk, avait joué un rôle considérable dans la guerre de France. Ce fut lui qui négocia le mariage d'Henri VI avec Marguerite d'Anjou. En faveur près du roi et de la reine, il fut poursuivi par la haine publique. Mis en accusation, il s'enfuit, fut arrêté en mer, et décapité sans autre forme de procès par les marins qui l'avaient pris (1450).

Talbot, compagnon de Suffolk au siège d'Orléans, une des plus glorieuses figures militaires de l'Angleterre, fut fait prisonnier à Patay, puis relâché. Il périt en soldat à la bataille de Castillon (1453), qui mit fin à la guerre et décida l'expulsion définitive des Anglais.

NOTE XXII

Jeanne d'Arc dans les arts et la poésie.

Le peuple fut le premier à lui rendre hommage en la faisant figurer dans des *mystères*, représentations théâtrales composées en l'honneur des saints seuls. Un des plus curieux épisodes du mystère breton « la Passion de N.-S. », représente le martyre de sainte Maximilla. C'est Jeanne d'Arc sous un nom supposé et son histoire est présentée d'une façon allégorique et voilée. Les Anglais étaient trop près et la mort de Jeanne trop récente pour qu'on pût célébrer l'héroïne ouvertement, mais pour les Bretons, les allusions du drame étaient pleinement intelligibles.

En Allemagne, Schiller, a consacré à Jeanne une tragédie singulière, où il fausse sans vergogne la vérité historique en faisant mourir la Pucelle sur un champ de bataille et où il méconnaît le caractère de la Française au point de lui donner de l'amour pour un chevalier anglais.

En Angleterre, le poète Southey a dédié un poème à Jeanne, la vengeant ainsi des calomnies de ses compatriotes.

En France, il y a eu nombre de tentatives honorables, de tragédies, de drames, de poèmes et d'épopées, mais tout pâlit devant l'histoire ; et le poète par excellence sera l'historien qui s'effacera le plus devant la figure et le caractère de Jeanne d'Arc.

En peinture et en sculpture, Jeanne a inspiré des œuvres de mérite ; aucune qui la personnifie à nos yeux et réalise ce type d'une beauté et d'une simplicité désespérantes. La main d'une femme, de la princesse Marie d'Orléans, a été la plus heureuse. Elle a rendu avec délicatesse et vérité la *femme* dans Jeanne d'Arc et a compris et senti le caractère de la Pucelle comme une femme seule pouvait le comprendre et le sentir. Cette œuvre charmante est celle qui nous donne le mieux une idée de ce mélange de tendresse et de courage, de piété céleste et d'entrain guerrier, d'inspiration et d'activité, d'héroïsme et de candeur qu'on appelle Jeanne d'Arc, et que la France seule a connu.

TABLE DES MATIÈRES

	PAGES
Lettre de Monseigneur Freppel.	v
Déclaration de l'Auteur.	vii
Dédicace.	ix
Avant-Propos.	xi

LIVRE I

JEANNE LA PAYSANNE

I. — La Vocation.	3
II. — Le Départ.	17
III. — Le Roi et sa cour.	25

LIVRE II

JEANNE L'HÉROÏNE

I. — Le Siège.	39
II. — Le Sacre.	55
III. — La Défaite.	69

LIVRE III

JEANNE LA MARTYRE

I. — La Prison.	83
II. — Le Procès.	93
III. — La Mort.	111

EPILOGUE

La Gloire. 123

NOTES SUR JEANNE D'ARC

			PAGES
Note	I.	Le nom de Jeanne d'Arc....................	135
—	II.	Portrait de Jeanne d'Arc....................	137
—	III.	Costume militaire de Jeanne d'Arc...........	137
—	IV.	Famille de Jeanne d'Arc....................	138
—	V.	Détresse du roi Charles VII................	139
—	VI.	Influence de la Trémouille.................	139
—	VII.	Lettres de Jeanne d'Arc....................	141
—	VIII.	Jeanne d'Arc à l'armée.....................	154
—	IX.	Texte de l'exemption d'impôts accordée à la prière de Jeanne d'Arc....................	157
—	X.	Les Compagnons d'armes de Jeanne d'Arc.....	158
—	XI.	Arrivée de Richemont à l'armée de Jeanne d'Arc	166
—	XII.	Mission de Jeanne d'Arc....................	168
—	XIII.	Impression produite par la prise de Jeanne d'Arc	186
—	XIV.	Les Juges de Jeanne d'Arc..................	189
—	XV.	Prison de Jeanne d'Arc.....................	190
—	XVI.	Les accusations portées contre Jeanne d'Arc....	191
—	XVII.	Rétractation arrachée à Jeanne d'Arc.........	195
—	XVIII.	Perinaïk la Bretonne, brûlée pour avoir approuvé Jeanne d'Arc..............................	198
—	XIX.	Rôle de l'Eglise dans le Procès de Jeanne d'Arc.	198
—	XX.	La fausse Jeanne d'Arc.....................	202
—	XXI.	Les ennemis de Jeanne d'Arc................	204
—	XXII.	Jeanne d'Arc dans les arts et la poésie.......	205

Nancy. — Imprimerie Saint-Epvre.

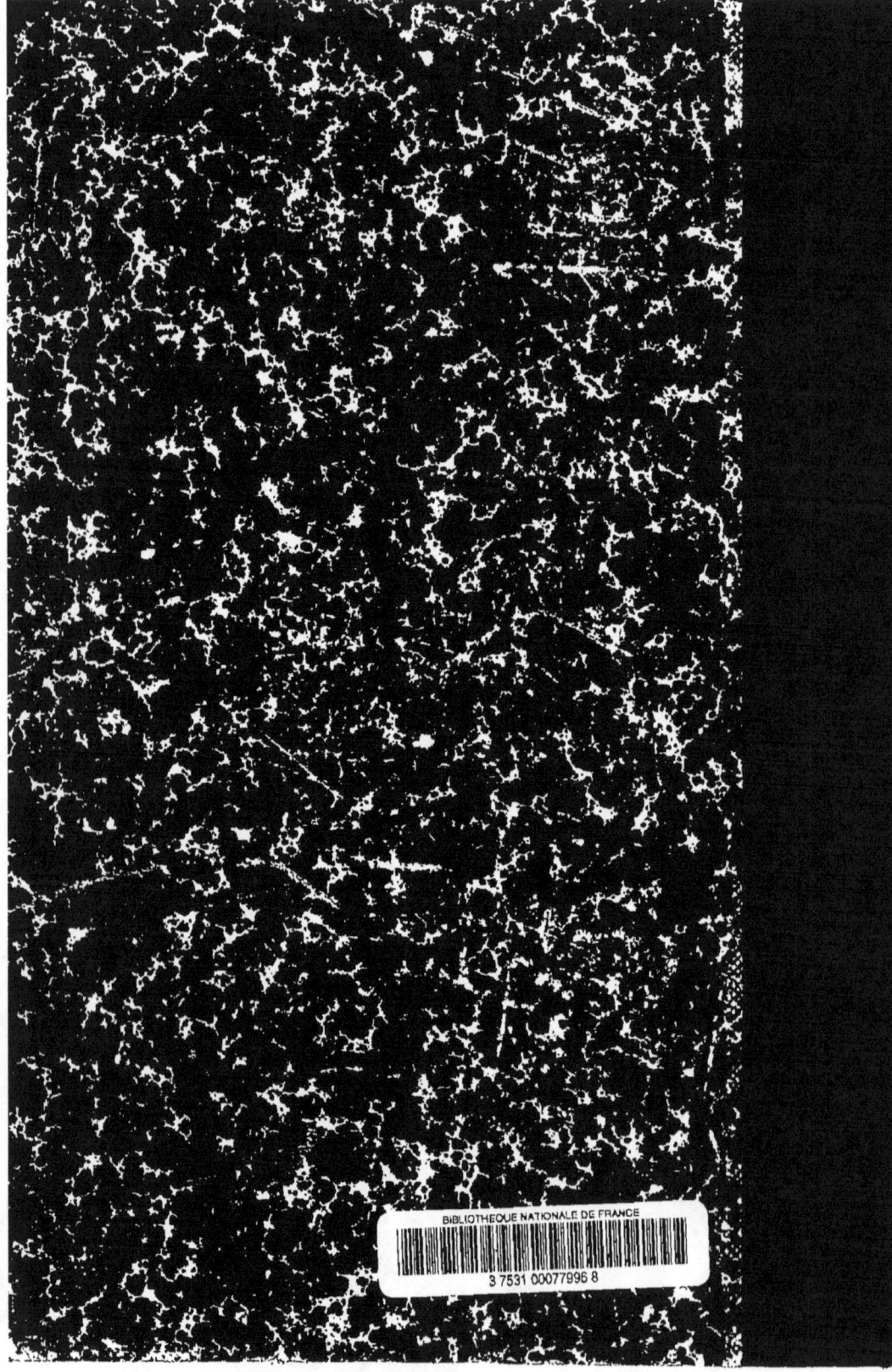

www.ingramcontent.com/pod-product-compliance
Lightning Source LLC
Chambersburg PA
CBHW061959180426
43198CB00036B/1641